Jede Marke kann wachsen!

Ralph Krüger · Andreas Stumpf

Jede Marke kann wachsen!

Wie Sie Wachstumsbarrieren systematisch durchbrechen

2. Auflage

Ralph Krüger
Andreas Stumpf
Frankfurt/Main, Deutschland

ISBN 978-3-8349-4284-5   ISBN 978-3-8349-4285-2 (eBook)
DOI 10.1007/978-3-8349-4285-2

Die Deutsche Nationalbibliothek verzeichnet diese Publikation in der Deutschen Nationalbibliografie; detaillierte bibliografische Daten sind im Internet über http://dnb.d-nb.de abrufbar.

Springer Gabler
© Gabler Verlag | Springer Fachmedien Wiesbaden 2009, 2013
Das Werk einschließlich aller seiner Teile ist urheberrechtlich geschützt. Jede Verwertung, die nicht ausdrücklich vom Urheberrechtsgesetz zugelassen ist, bedarf der vorherigen Zustimmung des Verlags. Das gilt insbesondere für Vervielfältigungen, Bearbeitungen, Übersetzungen, Mikroverfilmungen und die Einspeicherung und Verarbeitung in elektronischen Systemen.

Die Wiedergabe von Gebrauchsnamen, Handelsnamen, Warenbezeichnungen usw. in diesem Werk berechtigt auch ohne besondere Kennzeichnung nicht zu der Annahme, dass solche Namen im Sinne der Warenzeichen und Markenschutz-Gesetzgebung als frei zu betrachten wären und daher von jedermann benutzt werden dürften.

Lektorat: Manuela Eckstein

Gedruckt auf säurefreiem und chlorfrei gebleichtem Papier

Springer Gabler ist eine Marke von Springer DE. Springer DE ist Teil der Fachverlagsgruppe Springer Science+Business Media
www.springer-gabler.de

Inhaltsverzeichnis

Vorwort – Worauf Sie sich freuen können 9

1. Die glückliche Welt wachsender Marken 13
1.1. Markenführung als Wachstumsturbo für das Unternehmen 13
1.2. Markenführung ist immer auch Chefsache 17
1.3. Wo genau soll das Wachstum herkommen? 18

2. Anforderungen an eine wachstumsorientierte Markenführung 33
2.1. Effektivität – Nur die richtigen Dinge tun 34
2.2. Effizienz – The biggest bang for the buck 45
2.3. Viele Fragen, eine Antwort 51

3. Wachstumsbarrieren identifizieren 53
3.1. Ein Gedanke, der sich bewährt hat 53
3.2. Das Do-It-Yourself-Set für ein eigenes Markenwachstumsbarrieren-Modell 57
3.3. Das Modell füllen – mit frischen oder gebrauchten Daten? 61
3.4. Fokusbarrieren identifizieren 64
3.5. Die vollendete Markenführung oder Markenführung in Vollendung? 68
3.6. Wer nicht fragt, der nicht gewinnt! – Fragen und Antworten rund um
die Identifikation von Barrieren 73

4. Wachstumsbarrieren verstehen 77
4.1. Wie stellt der „Marken-Arzt" seine Diagnose? 77
4.2. Bekanntheitsbarriere oder: Marke X, noch nie gehört 82
4.3. Markenklarheitsbarriere oder: Was bin ich? 88

4.4. Relevanzbarriere oder: In der Qualifikationsrunde rausgeflogen? 91
4.5. Erste-Wahl-Barriere oder: Schon wieder keine Pole-Position? 94
4.6. Kaufbarriere oder: Kurz vor dem Ziel überholt worden? 97
4.7. Wiederkaufbarriere oder: Nur ein One-Hit-Wonder? 99
4.8. Empfehlungsbarriere oder: Das große Schweigen? 101
4.9. Wer nicht fragt, der nicht gewinnt! – Fragen und Antworten rund um Barrieren-Ursachen 104

5. Wachstumsbarrieren überwinden 111
5.1. Reale Barrieren versus wahrgenommene Barrieren 111
5.2. Was ist ein BrandKey? 112
5.3. Überwindung der Bekanntheitsbarriere oder: Endlich kennt man einen 116
5.4. Überwindung der Markenklarheitsbarriere oder: Das bin ich! 119
5.5. Überwindung der Relevanzbarriere oder: Ich bin dabei! 124
5.6. Überwindung der Erste-Wahl-Barriere oder: Pole-Position 127
5.7. Überwindung der Kaufbarriere oder: Als Erster durch das Ziel 134
5.8. Überwindung der Wiederkaufbarriere oder: Für immer Dein 141
5.9. Überwindung der Empfehlungsbarriere oder: Talk of the town 146
5.10. Wer nicht fragt, der nicht gewinnt! – Fragen und Antworten rund um die Barrieren-Überwindung 151

6. Wachstum richtig planen, prognostizieren und kontrollieren 155
6.1. Wachstum planen: Wie leitet man einen wachstumsorientierten Marketing- und Vertriebsplan ab? 155
6.2. Wachstum prognostizieren: Wie berechnet man sein Return on Marketing Investment (ROMI)? 157
6.3. Wie kontrolliert man seinen Wachstumserfolg? 163
6.4. Die Erfüllung der zehn Anforderungen an ein wachstumsorientiertes Markenführungsmodell 165

Fazit 169

Checklisten und Fragelisten 171

Literaturverzeichnis 183

Stichwortverzeichnis 185

Danksagung 189

Die Autoren 191

„Dieses Buch zeigt: Großartige Markenführung ist kein Hexenwerk, sondern mit Hilfe des systematischen und vor allem logischen MWB-Modells für jede Marke realisierbar. Davon haben uns die Autoren auch in der Praxis mehrfach überzeugt!"

Oswald Barckhahn, Geschäftsführer, Pepsico Deutschland GmbH

„Ein sehr überzeugendes Buch mit hoher Praxisrelevanz für alle, die Marken führen."

Alfredo Flores Pachón, Global Head Marketing & Communications, Private & Business Clients, Deutsche Bank

„Erfrischend, provozierend, inspirierend und vor allem überzeugend! Ein Modell, dessen Einsatz sich für jede Marke lohnt!"

Ulli Gritzuhn, Business Head Europe, Nestlé Infant Nutrition

„Marken müssen im heutigen Umfeld ausgefeilte Techniken einsetzen, um stark wachsen zu können. Effektivität und Effizienz sind gleichermaßen wichtig. Ein exzellentes Buch mit wertvollen Tipps!"

Thomas Ingelfinger, Geschäftsführer, Beiersdorf Italien

„Marken sind positive Vorurteile in Kopf und Herz von Kunden. Diese positiven Vorurteile haben eine unglaubliche Kraft. Sie sind dafür verantwortlich, dass Kunden diese Marken und deren Produkte in ihre engere oder sogar in die erste Wahl nehmen, wenn sie einen Kauf erwägen. Marken, die es schaffen, in Kopf und Herz der Kunden zur ersten Wahl zu werden, haben bereits rund 50 % ihres Marktanteils erobert. Das zeigt uns eine Vielzahl von Daten bei Bosch. Ralph Krüger und Andreas Stumpf setzen mit ihrem Buch an diesem Phänomen an. Sie stellen mit hohem Praxisbezug dar, was Unternehmer machen müssen, um in die Position der ersten Wahl mit ihren Marken und Produkten zu gelangen. Dieses Buch ist eine solide Bedienungsanleitung für Markterfolg."

Rainald Mohr, Senior Vice President Markenmanagement und Marketingkommunikation, Robert Bosch GmbH

Vorwort – Worauf Sie sich freuen können

Warum ein Buch zum Thema Markenführung?

Gibt man bei Google den Begriff „Markenführung" ein, so erhält man ca. 157.000 Einträge. Bücher, Artikel, Foren, Webseiten und Präsentationen in unglaublichem Ausmaß. Doch trotz der unzähligen Theorien, Modelle und Methoden bleibt die Markenführung eine Aufgabe, die vergleichsweise schwierig zu steuern, messen und kontrollieren ist. Oder wann haben Sie das letzte Mal die Auswirkung einer Kampagne auf Ihren Marktanteil genau voraussagen bzw. Ihren „Return on Marketing Investment" exakt berechnen können? Eine höchst unbefriedigende Situation, denn egal, ob Sie zur Geschäftsleitung gehören, zum Marketing, Vertrieb, Controlling oder ein Marketing-Dienstleister sind – die Auswirkungen der Markenführung auf Umsatz und Gewinn müssen Sie interessieren.

Nur wenn die Markenführung exzellent funktioniert und die Marke kontinuierlich stärkt, kann sie Umsatz und Gewinn maßgeblich antreiben. In Business-to-Consumer-Märkten ist diese Erkenntnis längst nichts Neues, doch auch in Business-to-Business-Märkten spielen starke Marken eine größere Rolle, als mancher zunächst annehmen möchte. Sie reduzieren beispielsweise das Entscheidungsrisiko des Kunden – ein nicht zu unterschätzender Einfluss gerade bei Investitionsgütern. Sie ermöglichen es B2B-Unternehmen, deutlich höhere Preise zu verlangen. Und letztendlich sind starke Marken sogar in der Lage, einem Unternehmen über Krisenzeiten hinweg zu helfen. Dies gilt für B2B-Marken ebenso wie für B2C-Marken. Denn auch die in schwierigen Zeiten weit verbreitete Fokussierung der potenziellen Kunden auf den Preis kann mit der Strahlkraft der Marke überwunden werden. Selbst Einsparungen sind leichter möglich: Eine starke Marke kann sich bei Budgetkürzungen eine Weile halten, während schwache Marken nichts haben, das sie trägt.

Doch um Markenwachstum gezielt planen und eine Marke bewusst stärken zu können, benötigt gerade die Markenführung ein umfassendes, klares und praktisches Modell, mit dem Maßnahmen und Investitionen rund um die Marke sowie die erwarteten „Erträge" definiert und kontrolliert werden können. Trotz der Notwendigkeit eines solchen Markenführungsmodells muss man lange danach suchen. So kommen viele unserer Kunden mit dem Wunsch nach einer umfassenden und doch simplen Methode zur Steuerung und Kontrolle ihrer Markenführung zu uns.

Besser ein Modell für gezieltes Wachstum als Markenwachstum per Zufall!

In den einzelnen Bereichen der Markenführung, so unsere Kunden, sei zwar eine gewisse Steuerung und Kontrolle möglich. Es gäbe genügend Experten für Markenpflege, Design, Konzepte, Innovationen, Kommunikation, Verpackung, Point-of-Sale (POS) oder Kundenbindung. Dazu komme jede Menge Datenmaterial, das belege, dass Einzelaktionen erfolgreich gewesen seien. Was jedoch meist fehlt, ist der Überblick über alle Problemfelder und Baustellen sowie über den Beitrag einzelner Maßnahmen zur Gesamtentwicklung. Man gibt sich gezwungenermaßen mit Insellösungen zufrieden, die jedoch häufig keiner einheitlichen Strategie folgen und dadurch wenig Fokus und noch weniger „Impact" bieten. Und ohne eine umfassende, klar fokussierte Strategie ist es entweder enorm schwierig oder reiner Zufall, eine Marke zu nachhaltigem Wachstum zu *führen*.

Es ist, als wollten Sie aus einem Segelboot die maximale Geschwindigkeit herausholen und dabei in die richtige Richtung segeln. Es gibt verschiedene Segel, die man setzen könnte; verschiedenste Möglichkeiten, die Segel einzustellen. Doch nur wenn man an den richtigen Segeln die richtigen Ausrichtungen vornimmt und so deren maximales Potenzial nutzt, wird man Höchstgeschwindigkeit erreichen – und dabei in die Richtung segeln, in die man wollte und nicht in die, in die der Wind einen zufällig treibt.

Doch wie findet man die richtigen Segel und die richtigen Einstellungen? Wie trifft man in seiner Markenführung die richtigen Entscheidungen? Einige behaupten, Markenführung sei reines Bauchgefühl. Doch wer in der Marktforschung erleben muss, wie zunächst vielversprechende Positionierungen und Kommunikationskonzepte von der eigenen Zielgruppe in der Luft zerrissen werden, weiß, wie falsch man oft mit seinem Bauchgefühl liegt. Die Regel ist leider: Wer nicht auf seine Zielgruppe hört, bringt mit großer Wahrscheinlichkeit einen Flop auf den Markt. Alles, was mit reinem Bauchgefühl erreicht werden kann, ist Markenwachstum „per Zufall". Das kann nicht das Ziel der Verantwortlichen sein.

Andere wiederum behaupten, Markenführung sei enorm kompliziert. Auch das ist falsch. Markenführung ist im Grunde einfach, solange man einem klaren, stringenten System folgt, welches sicherstellt, dass man an jeder Wegkreuzung die beste Entscheidung für seine Marke trifft. Simple, aufeinander aufbauende Schritte, die zu in sich logischen und nachvollziehbaren Strategien und Maßnahmen führen, sind alles, was man braucht.

Aus dem Anspruch der Markenführung, einfach und logisch zu sein, entsteht das Recht der Geschäftsleitung auf einfache, logische Informationen. Vor allem wenn es darum geht, Entscheidungen zu treffen oder Maßnahmen zu befürworten. Doch in der Realität werden diejenigen, die nicht mitten im Alltagsgeschäft des Marketings und des Vertriebs stecken und dennoch Entscheidungen treffen müssen, mit einer Unmenge von Daten und sogar Pseudofakten überschüttet, die oft kaum nachvollziehbar sind. Spätestens an diesem Punkt wird klar, dass etwas nicht stimmt. Denn wären Marketing und Vertrieb von Anfang an einem klaren, logischen Prozess gefolgt, so wären dessen Ergebnisse zwangsweise auch für „Außenstehende" leicht verständlich gewesen. Ist also an einem Punkt im Markenführungsprozess etwas nicht zu 100 Prozent nachvollziehbar, so hat die Geschäftsleitung jedes Recht, Fragen zu stellen. Und zwar so lange, bis jede Strategie und alle Maßnahmen nachvollziehbar sind. Auch wenn das manchmal bedeutet, dass nochmals von vorne begonnen werden muss. Um dem oberen Management die Rolle des „Fragestellers" zu erleichtern, finden sich am Ende vieler Kapitel dieses Buchs wichtige Fragestellungen, die genutzt werden können, um mehr Licht ins Dunkel zu bringen.

Das Buch bietet aber nicht nur der Geschäftsleitung die notwendigen Fragestellungen. Es liefert natürlich auch jenen aus dem Marketing sowie benachbarten Bereichen, die ebenfalls für die Markenführung zuständig sind (wie z.B. dem Vertrieb), das richtige Werkzeug – die notwendigen Schritte –, um Markenführung so einfach und nachvollziehbar zu gestalten, wie sie sein sollte. Denn auch die Verantwortlichen für Marketing und Vertrieb haben ihrerseits das Recht, die sich aus einer professionellen Markenführung ergebenden Strategien und Maßnahmen konsequent verfolgen zu können, ohne dass ihnen jemand mit falschen oder unpassenden Argumenten in die Quere kommt. Auch dies passiert häufig genug. Nach monatelanger Arbeit und etlichen Überprüfungen mit der Zielgruppe werden der Chef-Etage die Ergebnisse präsentiert. Einer aus dem „Publikum" meldet sich zu Wort: „Wissen Sie, meine Ehefrau hatte gestern Abend auch noch eine interessante Idee: Wie wäre es, wenn wir ...?" Um zu verhindern, dass man durch solche Beiträge in seiner Markenführung auf die „schiefe Bahn" gerät, müssen die Verantwortlichen für Marketing und Vertrieb mithilfe ihres logischen und nachvollziehbaren Prozesses gegenhalten können. Als Hilfestellung und Inspiration hierfür dienen spezielle Antwort-Beispiele am Ende einiger Kapitel. Die Fragen und Antworten können wie eine Checkliste verwendet werden, mit der sichergestellt werden kann, dass alle Strategien und Maßnahmen auf Wachstum ausgerichtet sind und keine Chance ungenutzt bleibt.

Gleichgültig, ob man zu den Entscheidern oder zu den Machern gehört – man benötigt ein Markenführungsmodell, das die wichtigsten Wünsche in der Markenführung erfüllt. Es gilt, die richtigen Entscheidungen zu treffen in punkto Geschäftsstrategie, Zielgruppe,

Wachstumspotenzial, Markenpositionierung und letztendlich Kundengewinnung und Absatzmaximierung. Und das auf eine simple Art und Weise mit möglichst wenig Zeitaufwand.

Genau solch ein Modell stellt dieses Buch vor. Nachdem im ersten Kapitel dank ausgewählter Erfolgsbeispiele für Wachstumsmarken „Appetit auf mehr" gemacht wird, werden im zweiten Kapitel die größten Herausforderungen der Markenführung und die Ansprüche an ein überlegenes Modell aufgezeigt. Dann folgen die Kapitel 3, 4 und 5, die den gesamten Markenführungsprozess anhand unseres Modells der Markenwachstumsbarrieren (MWB) erklären: Wachstumsbarrieren (i) identifizieren, (ii) verstehen und (iii) überwinden. Das Buch schließt mit den Feinheiten der Prognose und Kontrolle von Wachstum in Kapitel 6.

Sie befinden sich in guter Gesellschaft!

Ganz egal, welcher Kunde und welche Marke – ob Beiersdorf, Bosch, Deutsche Bank, Heraeus, Neckermann, Pepsi oder Wrigley – alle hatten ein Ziel und damit eine zentrale Frage: *Wie führen wir unsere Marke zu mehr Wachstum – gezielt und kontrolliert und damit nachhaltig?* Aus dieser Fragestellung ergab sich eine Vielzahl gemeinsamer, erfolgreicher Beratungsprojekte auf dem Gebiet der Markenführung. Basis war unser *Modell der Markenwachstumsbarrieren (MWB-Modell)* – Resultat waren fundierte Strategien, nachvollziehbare Handlungsempfehlungen und vor allem zählbare Ergebnisse im Markt. Aus diesen Projekten entstand wiederum auf Kundenwunsch die umfangreiche Markenführungs-Seminarreihe AMC MasterClass, die aus einer Vielzahl von aufeinander aufbauenden Marketing-, Marktforschungs- und Vertriebstrainings besteht.

Wir haben nun in diesem Buch unsere Erfahrungen aus den Projekten und Seminaren zusammengetragen, um Ihnen unser Modell der wachstumsorientierten Markenführung detailliert vorzustellen. Das Buch ist gespickt mit einer Vielzahl an Beispielen aus unserer Beratertätigkeit – denn es soll nicht nur eine hilfreiche, sondern auch eine unterhaltsame Lektüre sein. Somit ist dieses Buch keine wissenschaftliche Abhandlung über Markenführung, sondern eine kompakte, praktische Anleitung in der „Kunst der wachstumsorientierten Markenführung". Wenn Sie nach der Lektüre dieses Buches über eine klare Vorstellung bezüglich Ihrer zukünftigen Markenführung verfügen, haben wir unser Ziel erreicht.

Frankfurt, im Juli 2012

Ralph Krüger & Andreas Stumpf
Advanced Marketing Consulting

1. Die glückliche Welt wachsender Marken

– Es gilt, die Kräfte zu wecken, die in uns stecken –

(Joseph Murphy)

1.1. Markenführung als Wachstumsturbo für das Unternehmen

Es gibt genau drei Richtungen, in die es mit einem Unternehmen bzw. seiner Marke gehen kann: rauf – Wachstum; runter – Rückgang; weder noch – Stagnation. Und nur eine Richtung stellt sämtliche Beteiligte, insbesondere Eigentümer und Aktionäre, zufrieden: rauf. Theoretisch ist nach oben hin alles offen – es gibt für Wachstum keine wirkliche Grenze. Selbst in wirtschaftlich schwierigen Zeiten sollte man vom Streben nach Wachstum nicht abkommen. Denn irgendwann hat man alle Kosten gesenkt, die gesenkt werden können. Der einzig andere Hebel zur Gewinnsteigerung liegt im Wachstum. Umso wichtiger ist es also, diesen Hebel zu betätigen und neues Wachstum anzustreben – gerade mithilfe der Marke. Denn auch die in schwierigen Zeiten weit verbreitete Fokussierung der potenziellen Kunden auf den Preis kann mit einer starken Marke überwunden werden, sodass Absatz, Umsatz und Gewinn neu angetrieben werden.

Doch wie schaffen es Unternehmen und ihre Marken, immer wieder Wachstum zu generieren – sei es beim Umsatz, Absatz oder beim Ertrag? Die Theorie ist ganz einfach: Es gilt, möglichst viele Produkte bzw. Dienstleistungen zu einem möglichst hohen Preis an den Mann oder die Frau zu bringen. Und das zu möglichst geringen Kosten. Wie setzt man diese Theorie erfolgreich um? Erfolgreiche Unternehmen schafften dies unter anderem mithilfe einer starken Markenführung.

Dabei geht es nicht nur um den Hauptbereich Marketing. Konsequente Markenführung wirkt noch weit darüber hinaus und beeinflusst auch andere Unternehmensbereiche wie etwa den Vertrieb oder die Forschung und Entwicklung. Doch wenden wir uns zunächst dem Bereich Marketing zu.

Die Markenführung gibt Impulse an das Marketing

Um sicherzugehen, dass auch alle Marketingressourcen auf die Steigerung des Markenwachstums gelenkt werden, wacht die Markenführung über sämtliche Bereiche des Marketings. Denn ohne diese Steuerung passiert es schnell, dass mit der falschen Zielgruppe gearbeitet wird, dass in der Marktforschung die richtigen Fragen fehlen, dass in der Kommunikation eine unwirksame Botschaft gesendet wird oder dass Medien ineffizient genutzt werden. Die Marke wird im besten Fall am Leben gehalten, doch sicherlich nicht zu weiterem Wachstum geführt. Erst wenn professionelle Markenführung jeden einzelnen Bereich innerhalb der Vermarktung einer Marke so beeinflusst und lenkt, dass jede Handlung und Maßnahme auf das gleiche Wachstumsziel hinarbeitet, erst wenn alle an einem Strang ziehen, schafft das Marketing Markenwachstum. Sich von diesem Antrieb anstecken zu lassen ist nicht schwer. Die Markenverantwortlichen der Werner & Mertz GmbH waren kaum zu bremsen, nachdem alle das gleiche Verständnis für die Aufgaben und Möglichkeiten der Markenführung aufgebaut hatten. Konsequent wurde nach brachliegendem Wachstumspotenzial sämtlicher Marken gesucht. Ob Frosch, Emsal oder Erdal, eine der Hauptaufgaben der Markenführung ist heute das erfolgreiche Aufdecken und Einreißen von Wachstumsbarrieren.

Die Markenführung gibt Impulse an die Forschung und Produktentwicklung

Im Idealfall ist es so, dass die Forschung und Entwicklung nicht ausschließlich eigenständig forscht und entwickelt, sondern regelmäßig Impulse aus der Markenführung erhält – vor allem bezüglich unerfüllter Wünsche der Zielgruppen. Schließlich muss sich das, was die F&E entwickelt, gut verkaufen lassen. Es muss bestehende, bislang nicht oder nur schlecht erfüllte Bedürfnisse der Zielgruppe adressieren. Doch woher weiß die F&E, welche Bedürfnisse dies sind bzw. welche Produkteigenschaften von Bedeutung sind? Diese wichtige Information liegt größtenteils den Verantwortlichen für Markenführung vor, denn sie hat die Zielgruppe genauestens zu kennen. Es wäre verschwendetes Wissen, wenn die F&E diese aus der Markenführung heraus generierten Zielgruppeninformationen nicht für eigene Zwecke nutzen würde.

Der Hersteller einer Kleberoller-Marke hatte in der Vergangenheit wiederholt Mühe, innovative Produkte erfolgreich zu vermarkten. Zwar mangelte es nicht an neuen Produkten, doch gestaltete sich deren umsatzstarke Vermarktung oft recht schwierig. Die Ursache hierfür lag unter anderem darin, dass die Innovationen der vorangegangenen Jahre fast ausschließlich durch die F&E getrieben worden waren. Scheinbar interessante Produkte entstanden – teilweise ungeplant – und wurden dem Marketing präsentiert. In einigen Fällen erwiesen sich die Innovationen als gesunde Umsatzbringer. Doch nicht jede Innovation ließ sich einfach vermarkten. So entstanden beispielsweise wieder verwendbare Klebestreifen, deren bestmögliche Verwendung jedoch nicht klar war. Das Marketing musste sich im Nachhinein an die Arbeit machen und sich ein einzigartiges Verkaufskonzept überlegen. Der Zielgruppe wurde das Produkt gewissermaßen aufgezwungen. Dass eine solche Vorgehensweise nicht dauerhaft und schon gar nicht mit hoher Wahrscheinlichkeit zu Wachstum führen konnte, wurde mit der Zeit deutlich. Es galt, einen Prozess aufzusetzen, der ermöglichte, dass die F&E durch die Anforderungen der Vermarktbarkeit bzw. auf Basis der Markenführung inspiriert und geleitet wurde. Dieser Prozess musste sowohl die F&E als auch das Marketing und den Vertrieb mit einbinden. Die Rolle des Marketings und des Vertriebs: relevante Richtungen und Themengebiete für Innovationen analysieren, neue interessante Segmente aufdecken und deren Potenzial für die eigene Marke sondieren. Die Rolle der F&E: Marketing und Vertrieb informieren und inspirieren durch das, was derzeit in der Produktentwicklung technisch möglich ist, um gemeinsam auf den vorgegebenen Themengebieten innovative Ideen zu entwickeln. Nur so stellt man sicher, dass das Unternehmen gezielt solche Innovationen verfolgt, die sich nicht nur als Nischenprodukte vermarkten lassen, sondern bedeutende Umsatzträger werden. Das Ziel sind Produkte, die ein so relevantes Bedürfnis der Zielgruppe ansprechen, dass auch eine der Innovation gerecht werdende Preispolitik betrieben werden kann.

Die Markenführung gibt Impulse an den Vertrieb

Oft sind es gründliche Zielgruppen-Studien, mit denen die Ursache eines Problems im Vertrieb am besten erkannt werden können. Dass bei einem bestimmten Vertriebskanal die Absatzzahlen nicht mehr stimmen, ist leicht zu erkennen. Was jedoch dahinter steckt, erschließt sich einem erst, wenn man den Kaufprozess der Zielgruppe genauer untersucht. Und das ist eine originäre Aufgabe aus dem Bereich Markenführung.

Der Hersteller eines Hustensafts war unzufrieden mit den Absatzzahlen seines Produktes. Dabei handelte es sich um ein Produkt mit einem bewährten Wirkstoff, der sich deutlich besser hätte verkaufen müssen. Die Erklärung für den schwachen Absatz lieferten detaillierte Studien mit den Apothekern. Diese identifizierten zwei Hauptgründe für die seltene Empfehlung des Hustensafts. Zum einen waren viele Apotheker nicht ausreichend über die Vorteile des Produktes informiert. Zum anderen konnten diejenigen Apotheker, die die Vorteile kannten, diese den Kunden nicht überzeugend vermitteln. Andere Wettbewerbsmarken boten den Apothekern einfache und dennoch verkaufswirksame „Stories", sprich schlagkräftige, überzeugende Verkaufsargumente, mit denen diese ihre Kunden besser beraten konnten. Daraufhin entwickelte das Marketing gemeinsam mit den Apothekern eine eigene Verkaufsstory, die in Tests die „Patienten" schnell vom eigenen Hustensaft überzeugte. Kern der Story war die Aufklärung darüber, dass das eigentliche Problem nicht nur der Husten sei, sondern die durch zähen Hustenschleim verklebten Atemwege, die sich nicht mehr von selbst reinigen können. Der Hustensaft des Herstellers wirkt im Gegensatz zu anderen nicht nur auf den Husten an sich, sondern befreit in drei Schritten nachhaltig vom Husten: 1. Löst den zähen Hustenschleim, 2. reaktiviert das natürliche Selbstreinigungssystem, um den Schleim abzutransportieren und 3. schützt vor neuem Hustenschleim. Mit „1, 2, 3 Hustenfrei" hatte der Hustensaft also seine knackige Verkaufsstory. Diese Verkaufsargumente wurden den Apothekern durch den Vertrieb näher gebracht – sowohl in persönlichen Gesprächen als auch mithilfe von entsprechendem Informationsmaterial. Damit hatte man die Apotheker auf die eigene Seite geholt – sie zu Verbündeten gemacht – und eine Basis für bessere Absatzzahlen geschaffen.

Eine starke Markenführung fungiert als Wachstumsturbo eines Unternehmens und treibt in dieser Funktion verschiedene Unternehmensbereiche an:

Markenführung treibt das Marketing an.
Die Markenführung stellt sicher, dass im Marketing alles darauf fokussiert ist, die Marke in einen wirklichen Umsatz-/Absatztreiber zu verwandeln.

Markenführung gibt Impulse an die Forschung und Produktentwicklung.
Die Markenführung gibt auf Basis genauester Kenntnisse über Zielgruppenverhalten und unerfüllte Bedürfnisse Impulse für die Produktneu- und -weiterentwicklung.

Markenführung gibt Impulse an den Vertrieb.
Die Markenführung gibt auf Basis der genauen Kenntnis des Kaufentscheidungsprozesses der Zielgruppe Impulse zur Nutzung von Vertriebspotenzialen.

1.2. Markenführung ist immer auch Chefsache

Als Wachstumsturbo eines Unternehmens ist die Markenführung immer auch Chefsache. Auch wenn sich die Marketingabteilung in erster Linie um Strategien und Maßnahmen kümmert – die Steuerung und die Ergebnisse müssen gleichzeitig und zu jeder Zeit zu den wichtigsten Themen der Unternehmensführung gehören. Das bedeutet, dass auch die Chefetage an wichtigen Markenführungsentscheidungen beteiligt sein muss. Zumindest muss sie kontinuierlich über Strategien und Maßnahmen in Kenntnis gesetzt werden, um Entscheidungen rechtzeitig hinterfragen zu können. Umso erstaunlicher ist es, dass dies bei vielen Unternehmen nicht der Fall ist. Manch große Gesellschaft glaubt noch immer, ohne Marketingvorstand (dessen Aufgabe unter anderem auch die Markenführung wäre) auskommen zu können. Einige glauben sogar, ganz auf Markenführung verzichten zu können. Dabei ist bei fast allen Unternehmen die Korrelation zwischen Unternehmenswachstum und hervorragender Markenführung hoch. Dass dies nicht nur für Unternehmen mit „klassischen" Marken gilt, wird mithilfe einiger Beispiele im weiteren Verlauf dieses Kapitels aufgezeigt.

Unternehmen, die die Bedeutung und vor allem das Potenzial einer guten Markenführung erkannt haben, haben dort investiert und den verdienten Erfolg geerntet. Trotz Wirtschaftskrisen, trotz verschärfter Wettbewerbsbedingungen, trotz gesättigter Märkte, trotz „Geiz ist Geil" haben sie es geschafft, ihre Marken gezielt wachsen zu lassen. Ein Schema F für Wachstum gibt es dabei nicht, wie die im Folgenden beschriebenen Erfolgsgeschichten von Jägermeister, HiPP, DWS Investments und Deutsche Post zeigen. Doch so unterschiedlich die Investitionen in die Markenführung auch waren, basierten sie dennoch auf ähnlichen Prinzipien und führten somit allesamt zu mehr Wachstum.

Die im Weiteren beschriebenen Unternehmen haben sich zunächst die wichtigste Frage überhaupt gestellt: *„Wo soll das Wachstum herkommen?"*. Und sie haben die für sie richtigen Antworten darauf gefunden und – vor allem darauf kommt es an – sämtliche Ressourcen auf dieses eine Feld gelenkt.

Die zunächst wichtigste Frage, um Markenführung gezielt und erfolgreich als Wachstumsturbo einzusetzen, lautet: „Wo soll das Wachstum herkommen?" Nur mit dem richtigen Fokus ist nachhaltiges Wachstum überhaupt möglich.

1.3. Wo genau soll das Wachstum herkommen?

Prinzipiell gibt es zwei große Wachstumsquellen und darunter acht Wachstumsstrategien:

Wachstum mit Bestehendem	*Wachstum mit Neuem*
▪ *Penetration*	▪ *Neue Produkte/Dienstleistungen*
▪ *Konvertierung*	▪ *Neue Segmente*
▪ *Loyalität*	▪ *Neue Märkte*
▪ *Frequenz*	▪ *Neue Länder*

Jeder Markenverantwortliche arbeitet zumindest mit einem Teil dieser Strategien. Oftmals fehlt jedoch der Fokus auf ein bis zwei Hauptstrategien. Man kann niemals alle Strategien parallel und gleich erfolgreich verfolgen. Je nach Strategie ist die Botschaft an die Zielgruppe eine völlig andere. Als Zielgruppe werden hierbei diejenigen bezeichnet, von denen man sich zukünftig mehr Wachstum, sprich mehr Absatz und Umsatz verspricht. Die Zielgruppe ist also nicht zu verwechseln mit der bereits bestehenden Verwendergruppe, wenn auch die Verwendergruppe durchaus Teil der Zielgruppe sein kann! Man könnte die Zielgruppe auch genauer als „Wachstumszielgruppe" bezeichnen. Eine bestimmte Zielgruppe erfordert also immer eine spezifische, nur an sie gerichtete Botschaft. Jemanden, der bisher keine Leuchtmarkierer verwendet hat (Strategie Penetration), muss man mit ganz anderen Argumenten von seiner Leuchtmarkierer-Marke überzeugen als jemanden, der solche Produkte bereits verwendet, allerdings die Wettbewerbsmarken bevorzugt (Strategie Konvertierung). Ersterer muss zunächst vom Nutzen von Leuchtmarkierern überzeugt werden, während diese Information für den „Bereits-Verwender" nicht relevant ist. Dieser muss Argumente erhalten, warum der eigene Leuchtmarkierer besser ist als der der Konkurrenz. Versucht man, zu viele Strategien gleichzeitig zu verfolgen, muss man unzählige Kompromisse eingehen, um allen Zielgruppen gerecht zu werden. So endet man im Zweifel mit einer sehr oberflächlichen Botschaft, mit der man gar nichts bewirkt – keine Reaktion der Zielgruppe, keinen zusätzlichen Umsatz, kein Wachstum. In gewissen Situationen kann man eine Primärstrategie verfolgen und dazu noch eine Sekundärstrategie fahren, doch in den meisten Fällen ist es besser, sich auf eine einzige Strategie zu konzentrieren.

An dieser Stelle heißt es „back to basics" und sich erneut Gedanken machen, welche Strategie man überhaupt verfolgen möchte, sprich, welche Strategie das größte Wachstum verspricht. Es ist wichtig, dass sich selbst erfahrene Markenverantwortliche die Strategien regelmäßig wieder vor Augen führen und – vor allem vor großen Investitionen – die Strategiewahl nochmals hinterfragen.

Strategie Penetration – Der Kuchen wird größer

Penetration bedeutet, dass man Nichtverwender der Kategorie für sich gewinnt. Diese Strategie ist oft bei Marktführern beliebt, da diese in der Regel am meisten von „neuen Verwendern der Kategorie" profitieren. Der Grund: Ist man als Kunde neu in einer Kategorie und kauft beispielsweise zum ersten Mal in seinem Leben einen Kindersitz, so ist man Laie und kennt sich wenig aus – insbesondere was die einzelnen Funktionen und Produkteigenschaften betrifft. Frischgebackene Mütter und Väter fühlen sich im Falle des Kindersitzes gezielt vom Marktführer angesprochen, der ihnen die komplizierte Entscheidung möglichst einfach macht. Nach dem Motto: Wer bereits unzählige Mütter und Väter mit seinen Produkten zufrieden gestellt hat, dem kann man vertrauen.

Generell ist der gesamte Baby-Markt ein klassisches Penetrationsgeschäft für die Marktführer. In kaum einem anderen Markt ist es so einfach, die Zielgruppe direkt und effizient anzusprechen. Zum einen kann der Zeitpunkt, zu dem der potenzielle Neu-Verwender in den Markt eintritt, genau vorausgesagt werden: mit der Geburt des Kindes. Zum anderen ist die Zielgruppe einfach erreichbar: auf Plattformen und Foren im Internet rund um das Thema Schwangerschaft und Geburt, im Krankenhaus selbst, über Hebammen, Kinderärzte und größere Krabbelgruppen. Besonders die Willkommenspäckchen um den Geburtstermin herum sind beliebt. Auch Pampers nutzte diese Aktionen im Rahmen seiner Penetrationsstrategie. Dabei zeigten die Daten, dass die Loyalität bei Pampers um über 50 Prozent höher war, wenn die Mutter bereits im Krankenhaus von Pampers überzeugt werden konnte.

> **Wachstum durch Penetration**
> Die Zielgruppe wird davon überzeugt, erstmals eine bestimmte Produktkategorie zu kaufen.
>
> Die Gewinnung von Nichtverwendern der Kategorie ist besonders für Marktführer eine vielversprechende Strategie.

Marken, die bei Markteintritt des neuen Verwenders nicht gleich (oder in geringem Umfang) zum Zug gekommen sind, greifen hingegen auf die Konvertierungsstrategie zurück.

Strategie Konvertierung – Was Deins ist wird Meins

Bei der Konvertierungsstrategie gilt es, gezielt Verwender von Wettbewerbsprodukten/-marken zu gewinnen. Insbesondere für Marken mit geringeren Marktanteilen bietet sich diese Strategie an, da die potenzielle Zielgruppe im Vergleich zu den Zielgruppen anderer Strategieoptionen groß ist. Gibt es keinen besonderen Grund, die eigene Marke als Verwender abzulehnen und besteht generell eine gewisse Wechselbereitschaft, so steht dieser Strategie nichts im Wege.

Auch Jägermeister setzte in jüngerer Vergangenheit auf die Wachstumsstrategie Konvertierung. Abnehmende Verwenderzahlen und zunehmende Konkurrenz durch Lifestyle-Getränke wie Bacardi, Smirnoff und Co. veranlassten Jägermeister, drastische Maßnahmen zu ergreifen, um das zukünftige Wachstum der Marke sicherzustellen. Um den Abwärtstrend zu stoppen, sollte das angestaubte Image verjüngt und die Käuferreichweite gesteigert werden.

Die Traditionsmarke hatte bis dato eine Stammverwenderschaft der Altersgruppe 55+ aus dem gut-bürgerlichen Milieu, welche jedoch für das geplante Wachstum nicht mehr ausreichend Absatzpotenziale bieten konnte. Analysen ergaben, dass männliche Wettbewerbsverwender zwischen 18 und 39 Jahren aus dem Selbstverwirklichungs- und Unterhaltungsmilieu eine vielversprechende neue Zielgruppe darstellten. Nun musste Jägermeister einen Weg finden, diese gezielt zu adressieren, ohne durch diese Neupositionierung die Stammverwenderschaft zu verprellen. Die Markenführung bei Jägermeister hat es jedoch verstanden, die richtige Balance zwischen Konsistenz und Innovation im Zuge des Markenrelaunch zu finden und umzusetzen. Der Markenkern aus Geschmack, gemeinschaftlichem Konsumerlebnis, Markenikonografie (bestehend aus grüner, kantiger Flasche, dem Logo mit Hirsch und Kreuz sowie der Dominanz der Farbe Orange) und „selbstbewusstem Humor" wurde konsistent weitergeführt und um neue Elemente in der Positionierung und in der Kommunikation ergänzt. So konnte ein Image der „wilden Partymarke" in den Köpfen potenzieller Verwender etabliert werden. Die sprechenden Hirsche Rudi und Ralph in den TV-Spots überraschten mit ihren humorvollen Sprüchen, ebneten der Traditionsmarke den Weg zur neuen Zielgruppe und garantierten gleichzeitig die Beibehaltung des traditionellen Wertes „Humor". Der neue Claim „ACHTUNG WILD" kommunizierte eine gewisse Jugendlichkeit und Eckigkeit sowie die Bereitschaft, aus der Reihe zu tanzen.

Zum Stichwort „Tanzen": Mehr als 400 „Promotion-Girls" zogen durch Bars, Clubs und Biergärten, um das „neue" Jägermeister bekannt zu machen. Ergänzt wurden diese Aktionen durch aufwändige Promotions am Point-of-Sale, dem Fernsehformat „Jägermeister WildShopping.tv" mit Merchandising-Artikeln und nicht zuletzt mit Aktionen im Eventbereich wie die Konzerttournee „Jägermeister Rock:Liga'" oder den Open-Air-Veranstaltungen „Orange Events". Sämtliche Ressourcen wurden auf die Aufgabe „Markenwachstum" gelenkt. Eine solch stringente Strategieentwicklung und konsequente Umsetzung wurde mit Erfolg belohnt. Laut Konsumentenbefragung hatte sich das Konsumverhalten wie angestrebt verändert und immer mehr Befragte gaben an, Jägermeister auf Partys zu trinken. Das angestaubte Image konnte abgeschüttelt werden. Auch die harten Fakten zeigten den Aufwärtstrend: Der Absatz im Lebensmitteleinzelhandel stieg von 2002 bis 2005 um 24 Prozent. In 2006 erreichte Jägermeister mit 76,5 Millionen 0,7-Liter-Flaschen ein Absatzplus von 15 Prozent weltweit. Die stärksten Reichweitenzuwächse konnte Jägermeister bei den 18- bis 29-Jährigen verbuchen. Durch konsequente Markenführung gelang es der Marke Jägermeister, ihre Position als international mit Abstand größte deutsche Spirituosenmarke auszubauen.

Wachstum durch Konvertierung
Die Verwender von Wettbewerbsmarken werden davon überzeugt, zur eigenen Marke zu wechseln.

Die Gewinnung von Wettbewerbsverwendern ist in vielen Fällen eine erfolgversprechende Strategie – ganz besonders für Marken mit einem geringeren Marktanteil.

Auf Konvertierung setzte auch DWS Investments, als sich der Markt für Finanzprodukte nach dem Platzen der Internetblase in der Krise befand: Von über 60 Milliarden Euro im Jahr 2000 sanken die Netto-Mittelzuflüsse auf weniger als zehn Milliarden im Jahr 2004. Hinzu kam der zunehmende Wettbewerb, bedingt durch eine Erweiterung der Vertriebskanäle. Als Fondsanbieter musste DWS Investments seine Produkte nun auch außerhalb des Mutterkonzerns Deutsche Bank erfolgreich verkaufen und sich in den Filialen der Deutschen Bank gegen die externe Konkurrenz durchsetzen, um weiterhin Wachstum zu generieren. In den „fetten Jahren" vor 2000 stand die strategische Markenführung bei DWS Investments nicht im Vordergrund. Die negativen Folgeerscheinungen: fehlende Differenzierung zum Wettbewerb, unsystematische Markenportfolios und ein uneinheitliches Corporate Design. Doch mit der Zunahme des Wettbewerbsdrucks und dem Schrumpfen des Marktes galt es, auch Kunden der Wettbewerber anzuziehen und sich damit neues Geschäft zu sichern.

DWS Investments erkannte den Handlungsbedarf und ergriff rechtzeitig Maßnahmen zur Etablierung einer Markenführung, die der Marke zu Wachstum selbst in Zeiten eines schrumpfenden Marktes verhalf. Um das Nutzenversprechen als leistungsstarke und vertrauenswürdige Marke zu etablieren, wurde eine neue Positionierung entwickelt und in einer Werbekampagne umgesetzt, das Logo modernisiert und ein neuer Claim gewählt sowie ein europaweit einheitliches Corporate Design geschaffen. Basierend auf einer umfangreichen Zielgruppenkenntnis entwickelte DWS Investments eine Kommunikation, die die Marke als kompetenten, leistungsstarken Partner des Kunden für seine Finanzanlage präsentierte. Somit konnte sich DWS Investments erfolgreich vom Wettbewerb differenzieren. Während die Konkurrenz starke Einbrüche in den Imagewerten verzeichnen musste, verbuchte DWS Investments durch die strategische Pflege der Marke bei Sympathie, Vertrauen und Loyalität starke Zunahmen und rangierte weit über dem Branchendurchschnitt. So konnte DWS selbst in Zeiten der Rezession sowohl ihren Marktanteil als auch den Vorsprung zur Nummer 2 weiter ausbauen.

Strategie Loyalität - Together forever ...

Bei der Loyalitätsstrategie geht es darum, bestehende Verwender bzw. Kunden zu halten und deren Loyalität zu steigern, sprich den Anteil, den man mit diesen Kunden umsetzt, gezielt zu erhöhen. Es gilt, diejenigen, die bereits mit der eigenen Marke zufrieden sind, zu echten Fans zu machen, die keine andere Marke mehr in Erwägung ziehen. Für Marken, die schon eine große Verwenderschaft haben, macht diese Strategie besonders viel Sinn, da die potenzielle Zielgruppe vergleichsweise groß ist. Verwenden die bisherigen

Kunden neben der eigenen Marke noch andere Marken, so besteht ausreichend Wachstumspotenzial darin, die Kunden dazu zu bringen, ihren gesamten Bedarf mit der eigenen Marke abzudecken.

Mit diesem Ziel vor Augen begannen vor wenigen Jahren die Verantwortlichen bei der Deutschen Post, ihr Markenimage in Deutschland kräftig aufzupolieren. Nach Jahren gewaltiger Änderungen rund um die Markenarchitektur bot die Deutsche Post sowohl ihren privaten als auch gewerblichen Kunden drei klare Dienstleistungssäulen an: Deutsche Post für Brief und Direktmarketing, DHL für Express- und Logistikaktivitäten und Postbank AG als Finanzdienstleister. Nach diesen umfangreichen Umstrukturierungen galt es, das Markenbild der Deutschen Post wieder zu festigen. Auch vor dem Hintergrund günstigerer Wettbewerber musste der Zielgruppe – sämtliche Privathaushalte und Unternehmen in Deutschland – wieder deutlich gemacht werden, dass die Deutsche Post nach wie vor die „Post für Deutschland" ist mit all ihren qualitativen Vorteilen gegenüber Wettbewerbern. Mit einer großangelegten Kampagne wurden traditionelle Kernwerte wie Schnelligkeit, Zuverlässigkeit und Vertrauenswürdigkeit in den Mittelpunkt gestellt. Diese Kernwerte schafften es, selbst untreue Kunden wieder für die Deutsche Post zu gewinnen, nachdem diesen die Mehrkosten für verlorene oder verspätete Sendungen klar wurden.

Wachstum durch Loyalität
Die eigenen Verwender werden davon überzeugt, ihren gesamten Bedarf möglichst mit der eigenen Marke abzudecken, statt teilweise noch Wettbewerbsmarken zu nutzen.

Die Steigerung der Loyalität der eigenen Verwender ist vor allem für größere Marken interessant, deren Verwender bislang eine niedrige Loyalität aufweisen.

Strategie Frequenz – Immer und überall

Bei dieser Wachstumsstrategie geht es darum, diejenigen, die die eigene Marke bereits verwenden bzw. kaufen, dazu zu bringen, dies schlichtweg häufiger zu tun. Hierfür gibt es zwei Wege, die man als Marke einschlagen kann. Man kann der Zielgruppe die Vorteile einer häufigeren Nutzung in der bisherigen Art und Weise klar machen. Ein Beispiel hierfür wäre, der Zielgruppe zu vermitteln, in Zukunft dreimal statt nur zweimal täglich die Zähne zu putzen. Immerhin erhöht sich dadurch der Zahnpasta-Verbrauch um 50 Prozent. Alternativ kann man ganz neue Verwendungssituationen aufzeigen, etwa ein Papiertuch nicht nur zum Aufwischen in der Küche zu nutzen, sondern auch zum Aufwischen im ganzen Haus, für Reinigungsarbeiten am Auto, als Unterlage beim Zubereiten von Essen etc.

Ein weiteres Beispiel ist Mineralwasser. Wie bringt man seine Zielgruppe dazu, noch mehr Flaschen zu kaufen und zu leeren? Man animiert sie dazu, das Haus nicht mehr ohne die Wasserflasche zu verlassen. Wer gesünder leben möchte, der soll also darauf achten, dass er zu jeder Zeit Wasser trinkt. So viel wie möglich, so oft wie möglich. Gerade unterwegs erweitert sich der Wasserkonsum vom gelegentlichen Glas Wasser bei der Arbeit oder im Café zu ständigem Wasser trinken aus der mitgebrachten Flasche – beim Autofahren, im Bus, beim Gehen, am Schreibtisch, beim Einkaufen etc.

> **Wachstum durch Frequenz**
> *Die Verwender der Kategorie – insbesondere die der eigenen Marke – werden davon überzeugt, das Produkt/den Service häufiger zu nutzen.*

Reichen diese vier Wachstumsstrategien jedoch nicht aus, um das angestrebte Wachstum zu erzielen, so muss auf „Wachstum mit Neuem" gesetzt werden. Dies erfordert in der Regel deutlich mehr Ressourcen, weshalb man immer erst versuchen sollte, mit dem Bestehenden zu wachsen. In der Praxis wird dieses Potenzial aber oft nicht ausreichend ausgeschöpft. Stattdessen wird unentwegt nach Innovationen verlangt. Kann man diese erfolgreich entwickeln und vermarkten, sind Wachstumssprünge möglich. Diese sind aber eher selten.

Strategie Neue Produkte/Dienstleistungen – Das Erste, das Einzige

Diese auf Innovation basierende Wachstumsstrategie wird häufig angewendet, obwohl sie erheblich mehr Ressourcen und Zeit benötigt als die klassischen Wachstumsstrategien Penetration, Konvertierung, Frequenz und Loyalität. Doch wer will nicht gerne innovativ sein und von den Potenzialen profitieren, die echte Innovationen ermöglichen?

Eine Marke, die mittels neuer Produkte bzw. Dienstleistungen gezielt Wachstum erzielen konnte, ist Volkswagen. Auf dem chinesischen Markt war das Marken-Leben für VW längere Zeit sehr angenehm. In den Jahren vor 2001, als der Markt noch nicht geöffnet war, war der „Santana" das wichtigste westliche Auto in China. Die Nachfrage war generell größer als das Angebot – das Geld lag quasi auf der Straße. VW hatte ein leichtes Spiel und erreichte einen Marktanteil von 50 Prozent.

Doch auch für VW in China galt folgendes Zitat von Will Rogers, Humorist und Showman: „Even if you're on the right track, you'll get run over if you just sit there." (Selbst wer auf dem richtigen Weg ist, wird überfahren, sobald er stehen bleibt.)

Die Herausforderung an die Markenführung kam nach dem Beitritt Chinas zur WTO in Form von 50 neuen Fahrzeugmarken und einer Produktionsüberkapazität in der Branche von 40 bis 50 Prozent. Von 2001 auf 2005 rutschte VWs Marktanteil von 50 auf 17 Prozent. Es galt, eine neue Wachstumsstrategie zu verfolgen – im Fall von VW wurde die der „neuen Produkte" gewählt.

Das Ziel:

1. In 2006 mehr Autos verkaufen als in 2005,

2. den Marktanteil, der sich weiterhin im Sturzflug befand, stabilisieren und

3. zurück in die Gewinnzone kehren.

Hierzu fokussierte VW sich auf ein „olympisches" Fünf-Punkte-Programm – analog zu den fünf Ringen der Olympischen Spiele. Angeführt wurde das Programm von der Disziplin „Neue Modelle", gefolgt von vier weiteren, unterstützenden Punkten: Produktkosten, Branding & Positionierung, Vertrieb & Marketing und Synergien & Struktur.

Zum damaligen Zeitpunkt waren acht von zehn Kunden Erstkäufer in der Kategorie. Da die potenziellen Kunden somit noch keine Markenloyalität aufgebaut hatten, spielte zunächst der Preis eine wichtige Rolle. Um diesen Preiskampf zu vermeiden, musste eine klare Präferenz für die Marke VW und ihre Modelle aufgebaut werden. Dies geschah zum einen mit einer neuen Positionierung – „leistungsstarke Limousine deutscher Herkunft" – und zum anderen mit neuen Modellen, die stärker auf die Bedürfnisse der Käufer in China eingingen. So wird in China im Vergleich zu Deutschland mehr Wert auf maskuline Linien gelegt. Chrom, Beinfreiheit der Rücksitze oder Leder-Holz-Kombinationen spielen ebenfalls eine wichtige Rolle. Eigenschaften wie Modernität, Leistung und Excellence kommen gut an. Doch auch für ökonomische, einfache Varianten gab es Abnehmer. Die Bedürfnisse der Zielgruppen waren demnach nicht nur anders als in West-Europa, sondern auch sehr vielfältig.

Auf diese Weise wurde in den folgenden zwei Jahren ein erfolgreiches Modell nach dem anderen von VW in China eingeführt – etwa der chinesische Passat „Lingyu", der „Sagitar" oder die zwei Polo-Varianten „Jinqu" und „Jingqing".

Mit diesem Fokus auf neue, zielgruppengerechte Produkte wurde der Absatz bereits im September 2006 um fast 30 Prozent gegenüber dem Vorjahr gesteigert. Der Marktanteil hatte sich stabilisiert und VW die Verlustzone verlassen.

> **Wachstum mit neuen Produkten/Dienstleistungen**
> *Nahezu jedes Unternehmen hat einen Innovationsprozess, der dazu dienen soll, neue Produkte oder Dienstleistungen zu entwickeln. Diese Strategie, die in der Regel deutlich mehr Ressourcen benötigt als die vier zuvor beschriebenen, macht dann Sinn, wenn die neuen Produkte/Dienstleistungen Wachstum erzielen können, welches mit den bestehenden nicht mehr erreicht werden kann.*

Strategie Neue Segmente – Die kleine Marken-Dehnung

Bei dieser Wachstumsstrategie bewegt man sich nicht weit vom Kerngeschäft, sondern nutzt seine Kernkompetenz und erweitert diese so, dass das Potenzial in benachbarten Segmenten abgeschöpft werden kann. In den meisten Fällen wird diese Strategie zwar auch mehr Ressourcen erfordern als die vier Strategien des Bereichs „Wachstum mit Bestehendem", aber möglicherweise weniger als die Investition in ganz neue Märkte oder Länder. Besonders gut funktioniert diese Strategie bei Marken, die eine klare und starke Positionierung haben, die sie im neuen Segment nutzen können. Ein Klassiker ist die Marke NIVEA, die ihre Kernpositionierung – milde Pflege – hervorragend z.B. für die Ausdehnung in die Segmente Haarpflege, Duschgel oder Bodylotion nutzen konnte.

Dass man jedoch auch ohne eine bereits erfolgreich etablierte Marke mit dieser Strategie weiteres Wachstumspotenzial ausschöpfen kann, zeigt der Fall der Deutschen Kammerphilharmonie Bremen. Hier wurden mehrere Strategien kombiniert, um eine kritische Überschuldungskrise zu überwinden: Konvertierung und neue Segmente.

Die Ausrichtung auf die zwei Wachstumsstrategien erfolgte, nachdem Albert Schmitt, der schon viele Jahre als Kontrabassist im Orchester spielte, das Ruder übernahm. Das Besondere: Der Musiker beherrschte nicht nur sein Musikinstrument, sondern auch Management- und Marketinginstrumente und führte die Deutsche Kammerphilharmonie Bremen als Marke. Neben der Etablierung von Organisationseinheiten wie Marketing, PR, Fundraising oder Controlling entwickelte Schmitt eine Positionierung, die sich auf Herkunft und Kompetenz stützte. Die Differenzierungsmerkmale, die in dieser Positionierung verankert wurden (z.B. ein Repertoire von Barock bis zu Zeitgenössischem, jeweils auf höchstem Niveau und experimentierfreudig), transportierte das Orchester auch ganz bewusst durch visuelle Unterscheidungsmerkmale. Ein definierter Dresscode wurde festgelegt und nach dem Konzert verbeugte sich das gesamte Orchester – eigentlich ein Privileg des Dirigenten und der Solisten. Nicht nur im Konzert selbst, sondern auch in der Kommunikation in den Medien diente dieses konstante, differenzierende Erscheinungsbild dem Aufbau der Marke – allein das war bereits ein Vorteil gegenüber vielen anderen Orchestern.

Ebenfalls konsequent verfolgt wurden die Erweiterung des Portfolios und die Ansprache neuer Zielgruppen. Neue Segmente, wie etwa Open-Air Konzerte oder die Zusammenarbeit mit andern Künstlern wie dem Kinderliedermacher Rolf Zuchowski, dienten als Brücke zu neuen Zuhörern. Hier stützte sich die Kammerphilharmonie auf ihre gestärkte Positionierung und Bekanntheit im klassischen Bereich.

Was für klassische Marken gilt, erwies sich auch für das Orchester als Erfolgsrezept: Konsequente Pflege der Marke und die Verfolgung konkreter Wachstumsstrategien führt zum Erfolg. Während andere Ensembles einen schrumpfenden Klassikmarkt hart zu spüren bekamen, konnte das Bremer Orchester mit zwei ausabonnierten Reihen und einer Warteliste für eine dritte Konzertreihe aufwarten. Auch die Tatsache, dass die Deutsche Kammerphilharmonie Bremen bis zu 60 Prozent ihres Budgets selbst erwirtschaftete, während andere Orchester zu 90 bis 95 Prozent subventioniert wurden, kann als Erfolg einer konsequenten Markenführung gewertet werden. Zudem konnte das Orchester durch seine starke Markenidentität einen Werbewert von 3,5 Millionen Euro für die Stadt Bremen aufbauen und wurde damit nur vom Fußballclub Werder Bremen mit 5,5 Millionen Euro übertroffen.

> **Wachstum in neuen Segmenten**
> *Wachstum wird durch die Nutzung der Kernkompetenz in einem benachbarten Segment erzielt. Diese Strategie funktioniert am besten bei Marken mit einer starken, klaren, etablierten Positionierung, die das neue Geschäft unterstützt.*

Strategie Neue Märkte – Die große Markendehnung

Mit einer starken Marke gelingt es nicht nur, in benachbarten Segmenten erfolgreich zu wachsen. Ähnliches funktioniert selbst in ganz neuen Märkten. Hierbei gilt jedoch das Gleiche wie bei neuen Segmenten: Der Nutzen des bestehenden Markenkerns im neuen Markt muss glaubhaft und überzeugend sein. Ist dies nicht der Fall, so ist es ratsamer, für einen neuen Markt eine völlig neue Marke zu entwickeln, um Glaubwürdigkeitsprobleme zu vermeiden. Oder würden Sie ohne zu zögern Baby-Pflegeprodukte von Marlboro kaufen? Vermutlich nicht. Von HiPP hingegen schon – steht HiPP doch schon seit Langem für Spitzenqualität bei Babynahrung und kennt sich daher mit den besonderen Bedürfnissen der Kleinen bestens aus.

Vor dem Hintergrund steigenden Konkurrenzdrucks und eines schrumpfenden Kernmarktes aufgrund des Geburtenrückgangs entschied das HiPP Management, frühzeitig neue Wachstumsmöglichkeiten zu ergreifen. Die erfolgversprechende Devise von Geschäftsführer Klaus HiPP: „Um sich als Mittelständler im Nahrungsmittelmarkt behaupten zu können, muss man Dinge machen, die andere nicht tun können oder wollen. Und das gut und schnell." Die zündende Idee, die das Wachstum ankurbeln sollte, war die Umwandlung der Monomarke HiPP in eine Dachmarke für die neue Submarke HiPP Babysanft, um sich neben dem Hauptgeschäftsfeld Babynahrung auch im Markt für Babypflege als Marke zu etablieren. Bei der Verfolgung der Wachstumsstrategie „neue Märkte" konnte auf die Stärke und Kompetenz der Marke HiPP aufgebaut werden. Doch eine bekannte Marke allein reicht nicht aus, um in einem neuen Markt erfolgreich zu sein. Vor allem wenn der Konkurrenzdruck etablierter Marken wie z.B. Penaten sehr hoch ist. Der Schlüssel zum Erfolg war die Positionierung von HiPP Babysanft, die den Markenkern von HiPP (Spitzenqualität, gesunde und sichere Produkte beste Rohstoffe) aufgriff und den Gedanken „Für das Wertvollste im Leben" mit zielgruppenrelevanten Begründungen (pur und rein, ohne allergieverdächtige Zusatzstoffe, mit Sorgfalt hergestellt) untermauerte. Die Glaubwürdigkeit der Kompetenz von HiPP auch im Bereich Babypflege wurde durch die Ökotest-Auszeichnung mit dem Qualitätsurteil „sehr gut" für alle Babysanft-Produkte unterstrichen. Die Kommunikation in Fach- und Publikumszeitschriften sowie im TV setzte die Positionierung konsequent um: Mutter und Kind veranschaulichten Schutz und Sanftheit, der Schwerpunkt lag auf Cremen und Pflegen, um die neue Produktkategorie bekannt zu machen, und auch im Babysanft-Spot stand Klaus HiPP mit seinem Namen für die Qualität und Sicherheit der Produkte. Neben der klassischen Werbung setzte HiPP bei der Einführung der neuen Produktkategorie auch auf Direkt-Marketing und versorgte beispielsweise die Mütter schon in der Klinik mit einem HiPP Pflegeset. Hier wurde mit einer Loyalitätsstrategie für HiPP Babysanft der Grundstein für weiteres

Wachstum der gedehnten Marke gelegt. Vermutlich würden Mütter, die bereits in den ersten Tagen nach der Geburt HiPP Babysanft probierten, der Marke treu bleiben.

Mit Babysanft konnte HiPP schnell eine hohe Akzeptanz beim Verbraucher und damit einen festen Stand im Geschäftsfeld Babypflege erreichen. Die Marktzahlen bestätigten den Erfolg: Kurz nach Kampagnenstart erreichten einige Produkte der Babysanft-Serie zweistellige Marktanteile und bereits sechs Monate nach Einführung war die gesamte Marke bereits mit 5,4 Prozent Marktanteil im Markt vertreten. Nun galt es, die sehr gute Startposition weiter auszubauen und sich dauerhaft zu etablieren – und zwar mit einer der klassischen Wachstumsstrategien (Wachstum mit Bestehendem).

> *Wachstum in neuen Märkten*
> *Ähnlich wie beim Wachstum in neuen Segmenten wird die Kernkompetenz der Marke für einen völlig neuen Markt eingesetzt. Noch stärker als bei neuen Segmenten ist hier erforderlich, dass die Markenpositionierung auch im neuen Markt ausreichend Glaubwürdigkeit vermittelt. Ansonsten ist es ratsamer, die Ausweitung des Geschäfts unter einer neuen Marke durchzuführen.*

Strategie Neue Länder – Das große Unbekannte

Zu guter Letzt gibt es für die Erzielung von Wachstum den Weg in neue Länder. Hierzu könnten sicherlich ganze Bücher gefüllt werden, doch zum Abrunden der möglichen Wachstumsstrategien soll diese noch kurz erwähnt werden. Wie aufwändig diese Strategie für das gesamte Unternehmen ist, wird einem schnell bewusst. Doch wenn das erwartete Wachstum den nötigen Aufwand rechtfertigt, steht der Strategie nichts im Wege. Der Erfolg hingegen ist nicht leicht zu erzielen, allein schon durch die Komplexität des gesamten Vorhabens und die Beteiligung vieler Abteilungen bzw. weiterer Unternehmen als Partner.

Auch das Marketing hat bei dieser Strategie ganz neue Aufgaben zu bewältigen. Ein klassisches Beispiel ist IKEA. Selbst dieses Möbelhaus, das die Strategie des Wachstums in neuen Ländern unzählige Male erfolgreich verfolgt hat, hatte in einigen Ländern zunächst stark zu kämpfen. Etwa mit Vasen, die in den USA für recht teure Trinkgläser gehalten wurden, oder mit dem Do-it-yourself-Prinzip, das den amerikanischen Konsumenten zunächst wenig ansprach.

Doch haben sich die für die Markenführung Verantwortlichen bestens vorbereitet und alles über den Markt und vor allem die völlig neue Zielgruppe gelernt, steht einem erfolgreichen Start im neuen Land – zumindest was den Markenlaunch betrifft – nichts im Wege. Der Erfolg kann so weit gehen, dass die Marke von der Zielgruppe schließlich als nationale bzw. lokale Marke betrachtet wird, der man großes Vertrauen schenkt. Solche Erfolge hat die Pflegemarke NIVEA im Ausland erzielt. Immer wieder sind Konsumenten in unterschiedlichen Ländern der Meinung, NIVEA sei eine lokale Marke. Eine solche Einschätzung entsteht unter anderem durch eine kontinuierliche Anpassung der Produkte und der Werbung an lokale Bedürfnisse. So sind von NIVEA in einigen asiatischen Ländern beispielsweise Hautaufhellungs-Produkte (Whitening) erhältlich, da in diesen Ländern eine helle, „weiße" Haut erwünscht ist. Entsprechend wird man nach Selbstbräunern von NIVEA, wie sie in Deutschland erhältlich sind, in den „Whitening-Ländern" vergeblich suchen.

Unabhängig davon, wie erfolgreich der Start im neuen Land war: Es darf nie vergessen werden, dass die Marke sich auch hier zukünftig mit den Strategien für „Wachstum mit Bestehendem" – Penetration, Konvertierung, Loyalität und Frequenz – auseinanderzusetzen hat.

Die genannten Beispiele zeigen, dass die Führung und Steuerung der Marke mit dem Ziel, Wachstum zu generieren, nicht nur für den klassischen Markenartikel wie Jägermeister oder HiPP von Bedeutung ist. Marken sind selbstverständlich auch Dienstleister (Deutsche Post, Kempinski Hotels, Deutsche Bank), Investitionsgüter oder Produktkomponenten (Bosch, Intel, ThyssenKrupp), Personen (Sean Connery, Heidi Klum, Harry Potter), Figuren (Lillifee, Hello Kitty), Destinationen (St. Moritz, Disney World, Taj Mahal), Institutionen (Harvard, Rotes Kreuz, Max-Planck) oder auch Medienmarken (Pro7, Süddeutsche, MTV). All diese Marken haben eins gemeinsam: Ihre Verantwortlichen müssen identifizieren, mit welcher Wachstumsstrategie sie am meisten erreichen können. Einige Strategieoptionen können meist recht schnell gestrichen werden. Doch oft bleiben drei bis vier Optionen übrig, die theoretisch sinnvoll wären. Wie man dann die Strategie, die das meiste Wachstum verspricht, auswählt und detailliert, zeigt das in diesem Buch dargestellte Modell der Markenwachstumsbarrieren.

Neben dem Fokus auf eine (bzw. maximal zwei) Wachstumsstrategie(n) und den daraus resultierenden Wachstumserfolgen haben die in diesem Abschnitt beschriebenen Marken noch eine weitere Sache gemeinsam. Ob Hochprozentiges, Baby-Pflegeprodukte oder Autos, ob Finanzdienstleister oder Orchester – all diese Produkte und Dienstleistungen werden von ihren Verantwortlichen als Marke verstanden. Die gezielte Führung dieser Marken wird als Wettbewerbsvorteil anerkannt, der sich finanziell auszahlt. Betrachtet man hingegen die Marke isoliert und ohne Zusammenhang zur Unternehmensstrategie, fallen Maßnahmen zur Markenführung schnell kurzfristig ausgerichteten Ertragszielen zum Opfer. Sie werden – gerade in Phasen wirtschaftlicher Schwäche – als Kostentreiber und nicht als Investitionsgut betrachtet. Doch um in der heutigen Zeit der Produktinflation, der wahrgenommenen Markengleichheit, der Informationsüberlastung und der zunehmenden Handelsmacht erfolgreich zu sein, muss die Marke im Unternehmen als Wertschöpfer gesehen werden. Dass sich der Aufbau starker Marken lohnt, zeigen Studien, die belegen, dass der Markenwert einen erheblichen Teil des Unternehmenswertes ausmacht. Der Return to Shareholder liegt bei starken Marken um knapp zwei Prozent über dem Industriedurchschnitt, bei schwachen Marken dagegen um drei Prozent darunter.

Wenn Sie nun ausreichend „Appetit" auf Markenwachstum bekommen haben, lehnen Sie sich zurück, lesen Sie dieses Buch und lassen Sie sich durch unser Modell dazu inspirieren, Ihrer Markenführung einen neuen, wachstumsorientierten Stil zu verleihen.

2. Anforderungen an eine wachstumsorientierte Markenführung

– Geh lieber nach Hause und mache ein Netz, als dass Du im Teich nach Fischen tauchst –

(Chinesisches Sprichwort)

Bevor wir uns mit dem Modell der Markenwachstumsbarrieren und seinen Vorteilen beschäftigen, ist es wichtig, die Problematik der heute gängigen Markenführung zu verstehen. Denn hieraus ergeben sich die wichtigsten Anforderungen an ein Modell, das eine wachstumsorientierte Markenführung ermöglicht. Vieles in diesem Kapitel wird neu und inspirierend sein, mit manchen Fragestellungen werden Sie sich wiederholt und vielleicht nicht immer zufriedenstellend auseinandergesetzt haben. Sollte die Herausforderung für Ihre Markenführung am Ende dieses Kapitels noch größer erscheinen als zuvor – wunderbar. Erste Antworten auf Ihre (neuen) Fragen finden Sie bereits im folgenden Kapitel.

Fest steht: Damit Ihre Markenführung auch zu gezieltem Markenwachstum führt, muss sie effektiv und effizient sein. Definitiv leichter gesagt als getan. Wir haben in den vergangenen zehn Jahren unserer Beratertätigkeit nicht einen Markenverantwortlichen kennen gelernt, der mit der Effektivität und der Effizienz seiner Markenführung vollkommen zufrieden war. Die meisten suchen in mindestens einem der beiden Bereiche nach besseren Methoden und Lösungen.

2.1. Effektivität – Nur die richtigen Dinge tun

Welche Wirkung wünscht man sich eigentlich?

Dass Markenführung und entsprechende Maßnahmen effektiv sein müssen, darüber sind sich alle einig. Doch erstaunlicherweise wissen nur wenige, welche Wirkung, also welche Veränderung sie genau erreichen wollen. Dies liegt meist daran, dass es zu wenig klare Fakten gibt, die zeigen, welches die derzeit größte „Baustelle" in der Markenführung ist und welchen Effekt – vor allem auf das Wachstum der Marke – die Behebung der Baustelle hätte. Will man die Bekanntheit steigern? Oder ist es wichtiger, die Markenpositionierung zu schärfen? Sollte man bei neuen Zielgruppen ins Relevant Set gelangen? Oder muss man sich darauf konzentrieren, ein Kundenbindungsprogramm aufzubauen?

Wenn es jedoch keine klar definierte Wirkung gibt, die man erreichen will – kein konkretes Ziel –, kann es auch keinen Plan bzw. erfolgreiche Aktionen zur Erreichung des Ziels geben. Denn je nach gewünschter Wirkung sehen die Strategie und die Maßnahmen ganz anders aus.

Wichtige Fragen:
→ *Auf welches Ziel konzentriert sich derzeit die Markenführung?*
→ *Ist belegt, dass die Erreichung des Ziels zu größtmöglichem Wachstum führen wird?*

So kommt es häufiger vor als man denkt, dass Marketingpläne des aktuellen Jahres denen der vergangenen Jahre erstaunlich ähnlich sind. Ein Markenverantwortlicher für eine der größten Windel-Marken erinnert sich: „Der Plan vom letzten Jahr wurde ein wenig geändert und an die aktuelle Produktpalette angepasst. Schon hatte man den neuen Marketingplan!" Dies mag mit viel Glück ausreichen, um seine Marktposition zu verteidigen und zu halten. Um stetig und geplant neues Wachstum für seine Marke zu erzielen, muss man mehr tun.

Natürlich braucht man das Rad nicht immer neu zu erfinden. Doch muss man sich darüber im Klaren sein, dass man auf diese Art und Weise höchstwahrscheinlich nicht viel Neues erreichen wird – keinen anderen Effekt als im letzen Jahr und kein zusätzliches

Wachstum. Leistet der Wettbewerb dann auch noch gute Arbeit, so kann der eigene Stillstand schlussendlich sogar Rückschritt bedeuten – und man wird vom Wettbewerb überholt.

> **Wichtige Frage:**
> → Wurde der neueste Marketingplan unter einer aktuellen Zielsetzung aufgebaut oder größtenteils anhand des Vorjahresplans erstellt?

In einer solchen Situation befand sich vor einigen Jahren die Marke Aspirin, konkreter die klassische 05 Tablette von Aspirin. Eine der bekanntesten Schmerztabletten kämpfte nicht mehr nur gegen Stagnation, sondern über längere Zeit gegen Marktanteilsverluste. Und das, obwohl weiterhin in großem Stil in diese Submarke investiert wurde und der Schmerzmittelmarkt wuchs. Woran lag es, dass trotz aller Anstrengungen kein neues Wachstum erzielt werden konnte? Es fehlte der Fokus auf eine definierte Wirkung, die erzielt werden sollte. Während Wettbewerber sehr erfolgreich beispielsweise die Aufnahme in das „Relevant Set" ihrer potenziellen Kunden anstrebten, sprich von der Zielgruppe immer häufiger in die engere Wahl genommen werden wollten, war das Ziel der Aspirin Tablette nicht konkret genug, um die Kräfte ausreichend zu bündeln. An sämtlichen Schrauben wurde regelmäßig gedreht, doch eine ausreichend starke Gesamtwirkung entstand auf diese Weise nicht. War die Aussage der Wettbewerber in ihrer Kommunikation klar und deutlich: „besonders schnell", „besonders verträglich", „besonders preiswert" oder „besonders gut bei Kopfschmerzen" und damit in jedem Fall und in irgendeiner Form „besser als andere", so verhielt sich die Aspirin Tablette fast neutral und vertraute zum Beispiel eher auf ihre Historie und Bekanntheit. Doch mit der Zeit gingen selbst den Apothekern die Argumente für die Aspirin Tablette aus. Vom Wettbewerb dagegen wurden die Apotheker für Beratungsgespräche mit hilfreichen Begründungen und neuen Fakten bestens versorgt: z.B. „besonders verträglich selbst bei empfindlichem Magen dank bestimmter Wirkstoffe".

So sahen sich die Markenverantwortlichen der Aspirin 05 Tablette zunächst nur einer zentralen Aufgabe gegenüber: Es galt, einige wenige, auf Wachstum ausgerichtete Markenführungsziele zu definieren. Wie beispielsweise das Bild, das Patienten und Apotheker von der Aspirin 05 Tablette hatten, positiv zu verändern und den Apotheker für sich zu gewinnen, damit er das Produkt stärker empfiehlt … Eine klare Definition der Markenführungsziele war die Voraussetzung, um den Umschwung zu schaffen und das Geschäft zumindest zu stabilisieren. So simpel dies auch klingen mag, die Aspirin 05 Tablette war bei weitem nicht die einzige Marke, die ihren Fokus wiederfinden musste.

Doch wenn die Notwendigkeit eines klaren Fokus so eindeutig ist, warum nimmt man sich nicht die Zeit und die Ressourcen, um zunächst einmal klar zu definieren, welche Wirkung man sich denn im nächsten Jahr von seinen Marketingaktionen wünscht? Weil es zugegebenermaßen oft noch schwierig ist, sich datenbasiert und fundiert für eine neue gewünschte Wirkung bzw. für ein neues Ziel zu entscheiden. Will man eine höhere Bekanntheit? Will man eine neue Zielgruppe gewinnen? Will man mehr Loyalität von seinen Verwendern? Eine verbesserte Distribution? Einen Premium-Preis verlangen können? Die Liste möglicher Ziele ist lang.

Gerne würde man sagen: „Ja, natürlich wollen wir das alles auf einmal!" Doch „alles" ginge selbst dann nicht, wenn man unbegrenzt über Zeit, Manpower und Budget verfügen würde, denn manche Ziele schließen sich gegenseitig aus. Also muss man sich entscheiden – für die eine oder die andere Wirkung. Und diese dann auch konsequent anstreben. Doch sich zu entscheiden heißt automatisch, andere Ziele bewusst nicht anzustreben. Eine verzwickte Situation, wenn man keine Daten hat, auf deren Basis man entscheiden kann, welche (wenigen) Ziele es denn dieses Jahr sein sollen. Und bevor man sich fälschlicherweise gegen das richtige Ziel entscheidet, entscheidet man sich lieber gar nicht und holt den Plan vom letzten Jahr wieder aus der Schublade.

Wichtige Fragen:
→ *Kann die Markenführung auf ausreichend Daten und Fakten zurückgreifen, um sich für das richtige Wachstumsziel zu entscheiden?*
→ *Wird dieses Ziel konsequent verfolgt, ohne dass andere Ziele, die ausgeschlossen wurden, gelegentlich doch wieder angestrebt und unterstützt werden?*

Wenn also die zu erzielende Wirkung bzw. das zu erreichende Ziel nicht genau definiert ist und man mehr oder weniger dem Plan des letzten Jahres folgt, wird die Marke lediglich am Leben gehalten. Das mag gerade bei hohen Marktanteilen für eine gewisse Zeit noch funktionieren. Wenn man als Hersteller von Kaugummi oder von Baby-Fläschchen und Beruhigungssaugern an die 80 Prozent Marktanteil in Deutschland hat, kann man zunächst damit leben, den Marktanteil zu halten und kein weiteres Wachstum anzustreben. Doch die wenigsten können sich auf solchen Marktanteilen ausruhen, und selbst die wenigen Beinahe-Monopolisten werden sich früher oder später (wahrscheinlich früher) gegen einen stärker werdenden Wettbewerb behaupten müssen. Dann reicht es nicht mehr aus, nur noch „Maintenance-Marketing" zu betreiben – also nur für die Instandhaltung der Marke zu sorgen. Das führt uns zur ersten und wichtigsten Anforderung an ein Modell, das eine wachstumsorientierte Markenführung erfüllen muss:

> ***Anforderung Nr. 1 an ein Modell für wachstumsorientierte Markenführung:***
> *– Wirkung –*
> *Das Modell muss sicherstellen, dass konkrete Wirkungen bzw. Ziele festgelegt werden, deren Erreichung zu größtmöglichem Wachstum führt.*

Wie man sich schnell und sicher für den zu erzielenden Effekt des nächsten Jahres entscheidet und diesen dann auch erzielt, zeigen die nachfolgenden Kapitel auf.

Für welches Markenführungsmodell soll man sich entscheiden, wenn man es auf Effektivität abgesehen hat?

Ansätze zur Markenführung gibt es etliche – hilfreiche und weniger hilfreiche, von vielen in der Praxis erprobte und selbst gestrickte. Der Grund hierfür ist ein guter: Jeder, der mit Marken zu tun hat, versucht, Markenführungsprozesse zu verbessern. Sie sollen klarer, schneller, ergiebiger, gezielter und kostengünstiger werden. Bei der enormen Vielfalt, die dabei zustande kommt, fällt es immer schwerer, sich für das richtige Modell zu entscheiden und dieses vor allem über einen längeren Zeitraum beizubehalten. Spätestens wenn im nächsten oder übernächsten Jahr ein anderer sein Modell überzeugender vorstellt oder wenn Positionswechsel automatisch neue „Glaubensrichtungen" mit sich bringen, wandert ein erst vor kurzer Zeit eingesetztes Modell in den Aktenschrank. Zwar war ein Modell, das sich so leicht und schnell wieder ablösen lässt, vermutlich sowieso nicht das stärkste, doch für die Marke ist ein ständiger Modellwechsel auf Dauer nicht „gesund". Eine Marke benötigt ein Modell, das anderen so weit überlegen ist, dass keine Veränderung und kein anderes Modell es „vertreiben" können.

Ansonsten geht eine der wichtigsten Funktionen eines Markenführungsmodells verloren: die Kontrollfunktion. Egal, wie unterschiedlich oder ähnlich sich die verschiedenen Modelle sind, die meisten ermöglichen eine gewisse Form der Ergebniskontrolle, die jedoch oft erst nach ein oder zwei Jahren zum Tragen kommt. Entfällt diese Kontrolle, wird man nie sicher sein, ob man nun auf dem richtigen Weg ist bzw. war. Ein stetiger, gezielter Aufbau von Markenwachstum ist unter solchen Umständen enorm schwierig.

> *Wichtige Fragen:*
> → *Wie lange konnte sich das aktuelle Markenführungsmodell schon behaupten?*
> → *Hat es wiederholt bewiesen, dass es wie kein anderes Modell die Marke zu neuem Wachstum führt?*

Doch was ist bislang das Problem mit vielen Modellen gewesen? Was waren deren Schwächen, aufgrund derer sie es nicht geschafft haben, permanent angewendet zu werden? Insgesamt kann man die Schwächen in drei große Bereiche einteilen.

1. Mangelndes Verständnis für die eigentliche Situation

Ein großes Problem in der Markenführung ist die Vielfalt an theoretisch möglichen Maßnahmen. Es gibt nahezu nichts, was man nicht tun könnte. Doch wie wählt man aus all dem, was möglich ist, das aus, was am meisten Sinn macht? Das, was am besten zum gesetzten Ziel führt? Ohne ein tiefer gehendes, umfassendes Verständnis für die eigentliche Situation ist es unmöglich, die richtige Entscheidung zu treffen.

Und um die aktuelle Situation richtig beurteilen zu können, muss man folgende Fragen beantworten:

(a) Welche „Baustellen", sprich Probleme gibt es derzeit im Bereich Markenführung?

(b) Warum existieren diese Baustellen?

(c) Wie könnte man sie beheben?

(d) Welche Auswirkung auf das Markenwachstum hätte die Behebung einer Baustelle?

(e) Was wurde tatsächlich bewirkt (im Nachhinein als Erfahrungswert für die Zukunft)?

Es gibt immer eine ganze Reihe von Baustellen: Innovationsmanagement, Verpackungsdesign, Kommunikationskonzepte, Online-Shopping, POS-Präsenz, Marktforschung – es gibt keinen Bereich, den man nicht verbessern könnte. Die Kunst besteht darin, sich auf zwei bis drei „große" Baustellen zu konzentrieren, die einen wirklichen Unterschied machen. Dabei bedeutet „groß" nicht automatisch „kosten- und zeitintensiv". Als große Baustellen bezeichnen wir solche, deren Behebung das Wachstum der Marke am stärksten unterstützen würde. Diese sollte ein Modell aufzeigen, um der Markenführung einen Fokus zu geben. Genau das bieten viele Modelle heute nicht: Die oben aufgeführten Fragestellungen werden nicht umfassend beantwortet und die Situation somit nicht richtig eingeschätzt. Es ist wird nicht klar, wo der Fokus liegen soll.

2. Unzureichende Berücksichtigung aller möglichen Maßnahmen

Auch bei der Auswahl der Maßnahmen greifen viele Modelle zu kurz. Nachdem viel investiert wurde und auch viel über die Marke in Erfahrung gebracht wurde, befassen sich die Modelle nicht mehr ausreichend mit einer der wichtigsten Aufgaben: der Umsetzung der Strategien in konkrete Maßnahmen. Wie wird entschieden, mit welchen Maßnahmen man die Zielgruppe adressiert? Wer verfasst den Maßnahmen- und Mediaplan? Alle Maßnahmen – von klassischer Werbung über Online, Direkt-Marketing, POS-Gestaltung, Händlerschulung bis hin zu Promotions – haben ihre eigenen Stärken und Schwächen. Nicht jede Maßnahme kann jede Botschaft transportieren. Es gilt, diejenigen Maßnahmen zu identifizieren, die am besten in der Lage sind, die aktuelle Botschaft an die Zielgruppe zu vermitteln. Nur wenn die Zielgruppe im Sinne des gesetzten Wachstumsziels beeinflusst werden kann, hat sich die ganze Arbeit gelohnt. Und wenn dabei herauskommt, dass die Medien TV, Print und Plakat aus dem letzten Jahr nicht mehr im Rennen sind, dann ist diese Entscheidung begründet.

3. Beschränkung auf den Bereich Marketing

Zu viele Modelle betrachten außerdem ausschließlich Marketingfragen. Das heißt, dass sich sowohl die Ursachenforschung für Probleme als auch die Suche nach Lösungen ausschließlich auf den Bereich Marketing konzentriert. Jedoch kann die Ursache für ein Markenproblem ebenso in anderen benachbarten Bereichen liegen. So können Probleme im Vertrieb den Erfolg der Marke maßgeblich schwächen. Man denke allein an das Thema mangelnde Distribution. Ebenso können Ursachen im Bereich Forschung und Entwicklung liegen – wenn etwa eine Zeit lang in eine andere Richtung geforscht wurde, als für die Zufriedenstellung des Kunden notwendig gewesen wäre. Auch Fehlentwicklungen in Produktion und Einkauf können Probleme erklären, wenn die Unzufriedenheit mit den Produkten/Dienstleistungen dazu führt, dass Kunden keine Wiederkäufe tätigen.

Fast noch wichtiger als die Problemursachen in diesen Bereichen sind die Lösungen, die dort zu finden sind. So wie das Marketing nicht alleiniger Verursacher aller Baustellen ist, ist es auch nicht alleiniger Retter. Naheliegend ist es, Lösungen in anderen Bereichen zu suchen, wenn auch schon die Problemursachen aus diesen Bereichen kommen. Doch selbst wenn die Ursache z.B. nicht im Bereich F&E liegt, so mag eine Lösung durchaus hier zu finden sein – etwa über Produktverbesserungen.

Letztendlich sucht man also nach den bestmöglichen Lösungen, nach den erfolgversprechendsten Maßnahmen, um seine Strategie und sein gesetztes Ziel zu verfolgen. Es lohnt sich, für mehr Wachstum auch mal über den Tellerrand hinaus zu schauen.

Anforderung Nr. 2 an ein Modell für wachstumsorientierte Markenführung:
– Verständnis –
Das Modell muss sicherstellen, dass die Gesamtsituation der Marke tiefergehend verstanden wird: was die größten Baustellen sind, warum sie existieren, wie man sie beheben könnte und welche Auswirkung dies hätte.

Anforderung Nr. 3 an ein Modell für wachstumsorientierte Markenführung:
– Maßnahmenplanung –
Das Modell muss sicherstellen, dass alle bereits erprobten und möglichen neuen Maßnahmen in der Planung berücksichtigt werden, ohne sich von Plänen der Vergangenheit einschränken zu lassen.

Anforderung Nr. 4 an ein Modell für wachstumsorientierte Markenführung:
– Umfeldbetrachtung –
Das Modell muss sicherstellen, dass sowohl Ursachen für Baustellen als auch Lösungen nicht nur im Bereich Marketing, sondern ebenfalls in benachbarten Bereichen wie Forschung und Entwicklung, Vertrieb, Produktion oder Einkauf gesucht werden.

Neben diesen eben beschriebenen Aspekten gibt es noch zwei weitere, die einem Modell dazu verhelfen können, sich über eine längere Zeit zu etablieren und damit der Marke gezielt zu mehr Wachstum zu verhelfen.

Zum einen müssen alle Beteiligten an das Modell glauben. Es ist keinem geholfen, wenn nach monatelanger Arbeit und erheblichen Investitionen die Ergebnisse eines Modells angezweifelt werden. Leider kommt dies immer wieder vor. Es ist also dringend erforderlich, die Richtigkeit des Modells und seine Verbindung zur Realität zu beweisen. Am besten geschieht dies, wenn eine klare Beziehung zwischen dem Modell und dem tatsächlichen Erfolg der Marke im Markt hergestellt werden kann. Spiegeln sich Umsätze, Absätze oder Marktanteile im Modell wider? Ist die Markenstärke, die ein Modell aufzeigt, vergleichbar mit der Position der Marke im Markt? Nur wenn hier nachvollziehbare, messbare Beziehungen gezeigt werden können, werden alle Beteiligten auch an die Analysen, Empfehlungen und Prognosen des Modells glauben und ernsthaft damit arbeiten.

> *Anforderung Nr. 5 an ein Modell für wachstumsorientierte Markenführung:*
> *– Glaubwürdigkeit –*
> *Das Modell muss für alle Beteiligten glaubwürdig sein, damit ernsthaft damit gearbeitet wird. Dies geschieht, indem Relationen zwischen dem Modell und der Realität nachvollziehbar dargestellt werden können.*

Zum anderen werden unkonkrete Handlungsanweisungen einiger Modelle bemängelt. Die meisten Markenverantwortlichen haben bereits mit verschiedenen Modellen, Beratungen, Instituten und Agenturen gearbeitet und dabei sicherlich auch viele neue Erkenntnisse gewonnen. Doch am Ende eines jeden Modells oder Projekts wird man mit der Aufgabe allein gelassen, herauszufinden, wie genau Empfehlungen wie „die Marke muss emotionaler werden" oder „die Marke muss der beste Freund der modernen Hausfrau werden" umgesetzt werden könnten. Gerade Projekte, die größtenteils auf tiefenpsychologischer Marktforschung aufbauen, neigen schnell dazu, Ergebnisse zu liefern, die schlecht greifbar und somit schwer umsetzbar sind. Hier muss einem der gesunde Menschenverstand sagen, inwieweit man mit solchen Ergebnissen weiterarbeiten kann. Eine Grundregel ist: Wenn man selbst schon mit der Verständlichkeit, Nachvollziehbarkeit und

Logik einer Empfehlung und Handlungsanweisung Mühe hat, so wird die Umsetzung alles andere als einfach und möglicherweise auch nicht sehr erfolgversprechend!

> **Anforderung Nr. 6 an ein Modell für wachstumsorientierte Markenführung:**
> *– Praxisnähe –*
> *Das Modell muss sicherstellen, dass Handlungsanweisungen konkret und nachvollziehbar sind, um deren bestmögliche Umsetzung zu sichern.*

Das ab dem nächsten Kapitel beschriebene Markenwachstumsbarrieren-Modell identifiziert deshalb nicht nur die größten Baustellen und den erwarteten Effekt aufgrund von deren Behebung, sondern empfiehlt zusätzlich die notwendigen Maßnahmen in einer praktischen, sofort umsetzbaren Art und Weise.

> **Wichtige Fragen:**
> → Existiert ein klares Verständnis über alle Baustellen deren Priorisierung und Behebung?
> → Werden bei der Suche nach den besten Lösungen zur Behebung der Baustellen alle bereits erprobten und möglichen neuen Maßnahmen in der Planung berücksichtigt?
> → Wird auch außerhalb des Marketings – etwa im Vertrieb, in der F&E, Produktion oder im Einkauf nach Problemursachen und Lösungen gesucht?
> → Ist das Modell stark genug mit der Realität verbunden, sodass alle an das Modell glauben? Oder werden die Ergebnisse in Frage gestellt (werden)?
> → Sind die Handlungsanweisungen und Empfehlungen aus aktuell genutzten Modellen konkret genug?
> → Lassen sie sich praktisch und schnell umsetzen?

Ein Markenführungsmodell sollte aber noch mehr können – nämlich eine Kontrollfunktion einnehmen. Die größte Problematik hierbei – die mangelnde Beständigkeit eines Modells

– wurde bereits angesprochen. Die Notwendigkeit einer Ergebniskontrolle kann jedoch nicht stark genug betont werden. Denn selbst wenn man es geschafft hat, diverse Projekte für eine emotionalere Marke – sollte dies die Lösung sein – ins Leben zu rufen, weiß man nicht, ab wann die Marke „emotional genug" ist und welche Auswirkung diese Umwandlung tatsächlich auf das Markenwachstum hatte. Gerade diese Fragen sind und bleiben spannend in der Markenführung. Welche Auswirkungen hatten einzelne Botschaften und Maßnahmen letztendlich auf die Gesamtentwicklung einer Marke? Hat sich die Investition gelohnt? Und vor allem: Wie geht es nun weiter? Bleibt der bisherige Fokus bestehen, oder wird er durch einen neuen abgelöst? Das hängt natürlich davon ab, wie sich andere Baustellen in der Zwischenzeit verändert haben – man benötigt einen neuen Überblick.

> ***Anforderung Nr. 7 an ein Modell für wachstumsorientierte Markenführung:***
> *– Kontrollfunktion –*
> *Das Modell muss sicherstellen, dass Maßnahmen und deren Wirkung prognostizierbar und messbar sind, um eine ständige Kontrolle zu ermöglichen. Nur so kann aus Fehlern gelernt und können Erfahrungswerte für die Zukunft aufgebaut werden.*

Welche Zahlen und Fakten helfen wirklich?

Interessanterweise verfügen die meisten Markenverantwortlichen bereits über 70 bis 80 Prozent der Zahlen und Fakten, die sie für eine klare Priorisierung der Baustellen und zum Verständnis der notwendigen Maßnahmen sowie des zu erwartenden Effekts benötigen. Doch die wenigsten nutzen das gesamte Potenzial dieser Daten. Dies wird in den Kapiteln 3 bis 5 noch deutlicher werden, wenn aufgezeigt wird, was alles mithilfe von Daten im Zusammenhang mit der Systematik des MWB-Modells erkannt und verstanden werden kann.

Die unzureichende Nutzung von Daten liegt daran, dass Zahlen und Fakten oft unabhängig voneinander erhoben oder gekauft werden. In der Regel liegen große Mengen an wertvollem qualitativem und quantitativem Datenmaterial vor: diverse Berichte von Nielsen oder GfK, Konzepttests, Produkttests, Markenimagestudien, Konsumentenstudien, Copytests etc. Doch es setzt sich selten jemand hin und betrachtet alle Daten im Zusammenhang, um sich ein umfassendes Bild der gesamten Marke mit all ihren Baustellen zu machen. Zugegebenermaßen klingt eine regelmäßige Untersuchung des gesamten Datenmaterials zu einer Marke im aufreibenden Tagesgeschäft nicht gerade verlockend. Außerdem ist es unmöglich, dabei ein brauchbares Ergebnis zu erzielen, wenn man keine klare Methodik, keine Systematik hat. Ohne die Möglichkeit, sich während der Sichtung des Datenmaterials auf bestimmte Punkte zu fokussieren, verliert man sich schnell in Details, ohne voranzukommen. Kein Wunder also, dass sich kaum jemand die Mühe macht, um aus den tausend Mosaikstückchen ein großes Bild zu erstellen.

Wichtige Frage:
→ *Wie häufig wird das bestehende Datenmaterial umfassend betrachtet, um ein vollständiges Gesamtbild zu erstellen?*

Nun ist es aber genau dieses Gesamtbild, das benötigt wird, um zu verstehen, wie man seine Marke stärker wachsen lassen kann. Das ab Kapitel 3 beschriebene MWB-Modell beinhaltet eine systematische Vorgehensweise zur Untersuchung sämtlichen Datenmaterials und zur Erstellung eines Gesamtbilds.

Anforderung Nr. 8 an ein Modell für wachstumsorientierte Markenführung:
– Systematik –
Das Modell muss sicherstellen, dass sämtliche Daten, Zahlen und Fakten systematisch betrachtet werden, um die Gesamtsituation richtig zu verstehen und Erkenntnisse klar deuten zu können.

Hierbei ist auch wichtig zu wissen, welche Kennzahlen wirklich hilfreich sind und welche nicht. Man kann fast alles messen, doch nicht jede Messung macht Sinn. Unser Modell hilft auch, die Marktforschung effizienter zu gestalten, da es klar aufzeigt, welche Kennzahlen wirklich wichtig sind und entsprechend regelmäßig erhoben werden sollten.

> **Wichtige Fragen:**
> → Wie gut beantwortet die aktuelle Marktforschung die Frage, woher neues Wachstum kommen soll und wie es erreicht werden kann?
> → Ist jede erhobene Kennzahl wirklich hilfreich und notwendig?
> → Fehlen wichtige Kennzahlen?

Letztendlich ist es bei einer großen Menge Kennzahlen, Daten und Fakten essenziell, diese so aufzubereiten, dass auch ein Geschäftsführer, Vorstand oder Marketingdirektor sich mit möglichst wenig Zeitaufwand ein klares, objektives Bild der aktuellen Gesamtsituation machen und entsprechend Entscheidungen treffen kann. Eine solche Darstellung hilft nicht nur bei der „ersten" Entscheidung, sondern zeigt vor allem auch Entwicklungen über längere Zeiträume auf. Schließlich will jeder Entscheider seine Investition in die Marke gut angelegt wissen. Damit wären wir auch schon beim Thema Effizienz.

2.2. Effizienz – The biggest bang for the buck

Wenn also das Erzielen des richtigen Effekts schon nicht so einfach ist, wie sieht es dann erst mit der Effizienz der Markenführung aus? Wie gut gibt man die Marketing-Euros, die man hat, aus? Und wofür? Budgetplanungen sind immer wieder heiße Phasen, in denen argumentiert und verhandelt wird. Und wer die besseren Gründe hat und diese auch noch mit Daten und Fakten belegen kann, ist klar im Vorteil. Doch nicht immer liegen klare Gründe, Daten und Fakten vor. Die Zweifel beginnen bereits bei der Frage, wer wie viel Budget bekommt.

Marketing versus Vertrieb

Die Verteilung des Budgets zwischen Marketing und Vertrieb sorgt immer wieder für heiße Diskussionsrunden. Selten arbeiten Marketing und Vertrieb wirklich intensiv zusammen. Stattdessen werden sogar künstliche Grenzen gezogen. Damit entstehen unterschiedliche Budgets, Aufgaben und damit einhergehende Aktionen, die nicht ausreichend untereinander abgestimmt sind. Dabei sollten beide Bereiche gemeinsam daran arbeiten, den Kaufentscheidungsprozess der Zielgruppe im Sinne des eigenen Unternehmens bestmöglich zu beeinflussen. Doch gibt es im ungünstigsten Falle statt eines gemeinschaftlichen Miteinanders ein unterschwelliges oder sogar offenes Gegeneinander. Ein Misserfolg ist dann die Schuld des jeweils anderen, der Erfolg aber wird sich selbst ans Revers geheftet. Und jedes Jahr wird aufs Neue um das vorhandene Budget gekämpft.

Egal, wie man sich letzten Endes im Vorjahr geeinigt hat – sei es 50:50, 30:70 oder 70:30 – für das nächste Jahr mag durchaus eine ganz andere Verteilung sinnvoll sein. Die wichtigste, alles klärende Frage ist auch hier wieder ganz einfach: Wer erreicht den größeren Effekt? Die Antwort zu finden hingegen fällt nicht ganz so leicht. Sie erfordert ebenfalls fundierte Erkenntnisse zu den aktuell bestehenden, wichtigsten Baustellen der Marke. Mal sind die Baustellen überwiegend durch klassisches Marketing zu beheben, mal verstärkt durch Vertriebsmaßnahmen. Aber immer erfordert Erfolg ein gemeinschaftliches Handeln.

Wichtige Fragen:
→ *Steht die Budgetverteilung zwischen Marketing und Vertrieb in direktem Zusammenhang mit den Baustellen, die es zu beheben gilt?*
→ *Ist geklärt, wer den größeren Wachstumseffekt erreichen kann?*

Bei manchen Produktkategorien, oft im Business-to-Business-Bereich, hat schon immer der Vertrieb eine größere Rolle gespielt. Bei anderen wiederum hat das Marketing die größere Hebelwirkung. Entsprechend wurden von je her die Budgets verteilt. Doch selbst bei jenen Produktkategorien, bei denen der Verteilungsschlüssel scheinbar gesetzt ist, lohnt es sich, das Potenzial beider Bereiche genauer zu untersuchen und anhand der Baustellen zu überprüfen.

Das heißt nicht, dass man jedes Jahr wieder bei Null anfangen muss. Sowohl Marketing als auch Vertrieb werden ein gewisses Basisbudget benötigen, das sich von Jahr zu Jahr wenig ändert. Dazu kommt das Budget für bestimmte Projekte und Sonderaktionen. Hier müssen die Baustellen zum Tragen kommen. Liegt es vor allem an einer schwachen Markenpositionierung, dass die Marke nicht wächst, so kann sicherlich das Marketing die stärkeren Wachstumseffekte erzielen. Liegt es aber z.B. am eigentlichen Abverkauf (etwa aufgrund von Listungsproblemen) so werden entsprechende Projekte auf Vertriebsseite eine größere Wirkung erzielen. Liegt das Problem in beiden Bereichen, so gilt es herauszufinden, welcher Bereich mit welchen Mitteln den größten Wachstumseffekt erzielen kann.

Die Budgetverteilung und -entscheidung fällt demnach deutlich einfacher, wenn man über entsprechende Daten und Fakten zu den größten Baustellen und deren potenziellen Wachstumseffekten verfügt. Hat man diese Daten und Fakten nicht, so bleibt es weiterhin bei hitzigen Diskussionen, bis derjenige, der am lautesten, hartnäckigsten, cleversten oder am besten verdrahtet ist, sich durchsetzt. Das Wachstumspotenzial, das auf diese Art und Weise schon verschenkt wurde, ist gewiss nicht gering.

Wie tief will man eigentlich in die Tasche greifen?

Noch bevor man sich genau überlegt, in welche Maßnahmen man seine Budgets investieren wird, gilt es zu klären, wie hoch die Budgets sein sollten. Ab welchem Punkt ist ein Budget so klein, dass man selbst mit Guerilla-Marketing nicht mehr viel ausrichten kann und sich das Geld lieber spart? Ab wann ist ein Budget ganz einfach übertrieben hoch? Auch hier kann man es sich einfach machen. Letztes Jahr eine klassische Kampagne mit TV, Print und Radio für 6 Mio. Euro, dieses Jahr eine Kampagne mit TV, Print und Radio für 6 Mio. Euro. Vielleicht 6,5 Mio. Keine langwierigen Überprüfungen, keine Meinungsverschiedenheiten, kein Gegenwind – und vermutlich auch kein neues Wachstum.

In Zeiten der Krise und stark gekürzter Budgets hingegen ist genau das Gegenteil der Fall. Dann stützt das Management seine Budgetentscheidungen nicht einfach nur mehr auf Budgetwerte der Vergangenheit. Stattdessen steht alles auf dem Prüfstand. Unternehmen greifen auf Vorgehensweisen wie Zero-Base Budgeting zurück. In endlosen Diskussionen versucht man, Maßnahmen danach zu beurteilen, welchen Beitrag sie zur Zielerreichung leisten und welche Kosten dadurch entstehen. Sämtliche Aktivitäten werden in Frage gestellt und müssen umfangreich (neu)begründet werden. Eine datenbasierte Entscheidungsgrundlage ist hier zwingend notwendig, um schnell und klar aufzuzeigen, welche Maßnahmen erforderlich sind und welchen Effekt sie wirklich haben.

Ob Krise oder nicht, es gilt zunächst die eine wichtige Frage zu stellen: Wie viel Wachstum kann theoretisch erreicht werden bzw. was ist das genaue Wachstumsziel? Denn erst wenn klar ist, wie viel neues Geschäft gemacht werden kann und wo es herkommen soll, wird deutlich, in welcher Größenordnung sich das Budget befinden sollte. Lässt sich voraussichtlich viel Wachstum generieren, so ist ein größeres Budget gerechtfertigt. Doch um die genaue Budgetgrenze zu erkennen, muss erst die Wachstumsgrenze klar sein. Während das Streben nach Wachstum keine Grenzen haben darf, kann Wachstum selbst Grenzen haben, zumindest kurzfristig. Diese Grenzen lassen sich nicht so leicht verschieben, egal wie viel man zunächst investiert. Für eine erfolgreiche Ressourcenplanung gilt also mithilfe des Markenführungsmodells auch zu verstehen, wo genau diese Grenzen liegen und wo man innerhalb dieser Grenzen sein eigenes Ziel setzen sollte.

> *Wichtige Fragen:*
> → *Werden Budgets hauptsächlich basierend auf Vorjahresbudgets festgelegt?*
> → *Ist klar hergeleitet, wie viel Wachstum erreicht werden kann und soll, um daraus das benötigte Budget abzuleiten?*

Es gilt, neben den wichtigsten Baustellen auch Marktgegebenheiten und Wettbewerbserfolge zu verstehen, um besser abschätzen zu können, was möglich ist und was nicht. Mehr dazu erfahren Sie im nachfolgenden Kapitel.

> *Anforderung Nr. 9 an ein Modell für wachstumsorientierte Markenführung:*
> *– Ressourcenplanung –*
> *Das Modell muss sicherstellen, dass Ressourcen so verteilt werden, dass diejenigen Hebel – etwa in Marketing und Vertrieb – betätigt werden, die das meiste Wachstum versprechen. Auch die Höhe der Budgets sollte vom zu erreichenden Wachstum abgeleitet sein.*

Wofür gibt man den Marketing-Euro am besten aus?

„Die Hälfte meiner Ausgaben für Werbung ist zum Fenster hinausgeworfen. Die Frage ist nur – welche Hälfte?" Dieses Zitat von Henry Ford ist weit verbreitet. Erstaunlich ist, dass in den über 90 Jahren, die seit dieser Aussage vergangen sind, das Thema Return on Marketing Investment (besser: Marken-Investment) noch immer nicht zufriedenstellend gelöst ist. Die Resultate einzelner Aktionen, wie etwa Response-Raten bei Mailing-Aktionen, können nachvollzogen werden. Doch inwieweit einzelne Maßnahmen die Abverkäufe wirklich beeinflusst haben, ist schon schwieriger zu zeigen.

> **Wichtige Fragen:**
> → Wie genau kennen Sie den „Return on Marken Investment" Ihrer Kampagnen?
> → Wie zufrieden sind Sie mit deren Wirtschaftlichkeit?

Nach wie vor beurteilen Markenverantwortliche unter anderem die Effizienz ihrer Kampagnen und Maßnahmen als verbesserungsbedürftig. Zwar glaubt man, dass deutliche Umsatzsteigerungen prinzipiell möglich sind, aber eben nur, wenn man tatsächlich das richtige Produkt bzw. die richtige Dienstleistung über den richtigen Kanal zur richtigen Zeit an den richtigen Kunden bringt. Nur scheint es mit aktuellen Methoden, Instrumenten und Organisationen nicht möglich zu sein, eine Kampagne so zu gestalten, dass ihre Wirtschaftlichkeit sowohl prognostizierbar als auch messbar ist.

Also bleibt es weiterhin dabei: Die Mehrheit der Kampagnen erzielt nicht die gewünschte Wirkung, hat kaum Einfluss auf den Absatz. Ein Break-even der Kampagne wird oftmals gar nicht erreicht. Selbst die Verdoppelung der Werbeausgaben führt teilweise nur zu geringsten Umsatzsteigerungen von wenigen Prozentpunkten. Woran liegt das, und wie kann man es besser machen? Die negativen Ergebnisse finden sich häufig im Bereich der klassischen Kampagnen. Das heißt natürlich nicht, dass man die Finger von den klassischen Medien lassen sollte. Nur müssen sie mit der gleichen Sorgfalt ausgewählt werden wie alle anderen Medien auch. Und genau das fällt oft schwerer, als man annehmen würde. Da man in der Vergangenheit mit etwas TV und Print nicht viel falsch machen konnte, greift man auch heute noch gerne auf scheinbar Bewährtes zurück. Und verpasst dabei vermutlich Wachstumschancen.

Die Strukturen der Marketing- und Mediapläne sind in der Tat lange Zeit gleich geblieben. Die klassische Einteilung in Above-the-Line und Below-the-Line wird nach wie vor verwendet. Man nehme die klassischen Medien und verfeinere sie mit einem Schuss neuer Medien. Doch wie wird entschieden, wie viel in Above-the-Line und wie viel in Below-the-Line investiert wird? Welche wirtschaftlichen Ziele werden mit dieser Einteilung verfolgt? Die Antworten auf diese Fragen sind in der Regel alles andere als zufriedenstellend.

Warum hat man sich bei dieser Kampagne für Printanzeigen in Zeitungen entschieden? Weil dies im letzten Jahr auch so gemacht wurde. Nun gut. Aber vielleicht hat sich das gesamte Umfeld inklusive der eigenen Marke seit dem letzten Jahr verändert? Vielleicht war es schon im letzten Jahr das falsche Medium. Wer beweist, dass ein Kontakt im Funk für die eigene Marke weniger Wert ist als ein Kontakt in Publikumszeitschriften?

Es gilt, gegebene Medien und Maßnahmen hinsichtlich ihrer Wirtschaftlichkeit genau zu hinterfragen. Nur wenn sie der Marke konkret und nachweisbar helfen, die gesetzte Wirkung, das gesetzte Ziel effizient zu erreichen, dann haben sie ihre Berechtigung.

> **Wichtige Fragen:**
> → *Nach welchen Regeln werden Ihre Marketing- und Mediapläne erstellt?*
> → *Wie sehr gehen neue Pläne auf die aktuellen, sich verändernden Umfeldbedingungen und vor allem auf das neu gesetzte Ziel ein?*

Mit Sicherheit hat sich etwas geändert. Der Wettbewerb wird nicht untätig gewesen sein. Vielleicht war er sogar recht gewitzt und kreativ. Eigene Schwächen mögen mittlerweile behoben worden sein. Neue Herausforderungen sind hinzugekommen. Die Zielgruppe weist neues Potenzial auf. Möglicherweise ist die gesamte Wachstumsstrategie eine andere. Und vor allem: Die angestrebte Wirkung ist höchstwahrscheinlich eine neue. Diese Veränderungen können nicht einfach ignoriert werden. Wer würde denn bei einem Schachspiel seine Züge stur nach Plan durchführen, ohne darauf zu achten, was der Gegner in der Zwischenzeit mit seinen Figuren gemacht hat? Und wie beim Schachspiel auch gilt es, das gesamte Spielbrett, die gesamte Situation zu betrachten und zu verstehen, statt nur auf einen Spielzug des Gegners zu reagieren.

Somit wird klar: Nur die genaue und vor allem regelmäßige Überprüfung der Gesamtsituation, der Baustellen in der Markenführung, der Position der Wettbewerber, der Baustellenpriorisierung und des erwarteten Wachstumspotenzials zeigen einem, was zu tun ist. Nur dieses Verständnis hilft, die Investitionen in die eigene Marke so zu gestalten, dass der Kunde nicht mehr nur mit singulären Maßnahmen bearbeitet wird, sondern gezielt zum gewünschten Ziel, zum Kaufabschluss, geleitet wird.

> **Anforderung Nr. 10 an ein Modell für wachstumsorientierte Markenführung:**
> *– Wirtschaftlichkeit –*
> Das Modell muss die Wirtschaftlichkeit der Markenführung und sämtlicher von ihr geforderten Maßnahmen überprüfen und sicherstellen.

2.3. Viele Fragen, eine Antwort

Vor dem Hintergrund der oben beschriebenen Herausforderungen und Fragestellungen wird deutlich, was eine umfassende, praktikable Lösung für mehr Effektivität und Effizienz in der Markenführung und damit für stärkeres Markenwachstum alles bieten muss. Gesucht wird nach einem Modell, das folgende Anforderungen erfüllt:

> **Zehn Anforderungen an ein wachstumsorientiertes Markenführungsmodell**
>
> 1. **Wirkung**
>   Das Modell muss sicherstellen, dass konkrete Wirkungen bzw. Ziele festgelegt werden, deren Erreichung zum größtmöglichen Wachstum führt.
>
> 2. **Verständnis**
>   Das Modell muss sicherstellen, dass die Gesamtsituation der Marke tiefergehend verstanden wird: was die größten Baustellen sind, warum sie existieren, wie man sie beheben könnte und welche Auswirkung dies hätte.
>
> 3. **Maßnahmenplanung**
>   Das Modell muss sicherstellen, dass alle theoretisch möglichen Maßnahmen in der Maßnahmenplanung berücksichtigt werden, ohne sich von Plänen der Vergangenheit einschränken zu lassen.

4. Umfeldbetrachtung
Das Modell muss sicherstellen, dass Ursachen für Baustellen und Lösungen nicht nur im Marketing, sondern ebenfalls in benachbarten Bereichen wie Forschung und Entwicklung, Vertrieb, Produktion oder Einkauf gesucht werden.

5. Glaubwürdigkeit
Das Modell muss für alle Beteiligten glaubwürdig sein, damit ernsthaft damit gearbeitet wird. Dies geschieht, indem Relationen zwischen dem Modell und der Realität nachvollziehbar dargestellt werden können.

6. Praxisnähe
Das Modell muss sicherstellen, dass Handlungsanweisungen konkret und nachvollziehbar sind, um deren bestmögliche Umsetzung zu garantieren.

7. Kontrollfunktion
Das Modell muss sicherstellen, dass Maßnahmen und deren Wirkung prognostizierbar und messbar sind, um eine ständige Kontrolle zu ermöglichen. Nur so kann aus Fehlern gelernt und können Erfahrungswerte für die Zukunft aufgebaut werden.

8. Systematik
Das Modell muss sicherstellen, dass sämtliche Daten, Zahlen und Fakten systematisch betrachtet werden, um die Gesamtsituation richtig zu verstehen und Erkenntnisse klar deuten zu können.

9. Ressourcenplanung
Das Modell muss sicherstellen, dass Ressourcen so verteilt werden, dass diejenigen Hebel – etwa in Marketing und Vertrieb – betätigt werden, die das meiste Wachstum versprechen. Auch die Höhe der Budgets sollte vom zu erreichenden Wachstum abgeleitet sein.

10. Wirtschaftlichkeit
Das Modell muss die Wirtschaftlichkeit der Markenführung und sämtlicher von ihr geforderten Maßnahmen überprüfen und sicherstellen.

3. Wachstumsbarrieren identifizieren

– Die Weisheit des Lebens besteht im Ausschalten der unwesentlichen Dinge –

(Chinesisches Sprichwort)

Bei diesem ersten Schritt geht es darum zu wissen, worauf man sich konzentrieren muss, sprich die bereits erwähnten großen Baustellen zu identifizieren. Dies geschieht mithilfe des Modells der Markenwachstumsbarrieren (MWB-Modell). Die großen Baustellen sind gewissermaßen „Zustände", welche dem weiteren Wachstum einer Marke im Weg stehen – daher der Begriff Markenwachstumsbarrieren.

3.1. Ein Gedanke, der sich bewährt hat

Der Grundgedanke des MWB-Modells ist keineswegs neu und hat viel mit gesundem Menschenverstand zu tun: Bis ein potenzieller Kunde eine Marke kauft, müssen gewisse Voraussetzungen erfüllt sein. Er muss unter anderem die Marke bzw. das Produkt oder die Dienstleistung kennen, wertschätzen und besitzen wollen. Und genau dies, also Bekanntheit, Relevanz und Kaufabsicht, gilt es durch Markenführung zu beeinflussen.

> *Damit aus einem potenziellen Kunden ein Kunde wird, muss dieser zunächst einen so genannten Kaufentscheidungsprozess durchlaufen – angefangen bei der Markenbekanntheit bis hin zur Präferenz der Marke – welcher durch die Markenführung zu beeinflussen ist.*

Bereits 1975 gab es ein Markenwahlmodell von Chem L. Narayana und Rom. J. Markin, das auf diesem Grundgedanken aufbaute. Anfang der 90er Jahre stellten Frank R. Kardes et. al. ein ähnliches Modell vor, das Sequential Multistage Process Model. Nach diesem Modell muss ein Kunde gewisse Marken kennen (Retrieval Set), daraus bestimmte Marken in Erwägung ziehen (Consideration Set) und letztendlich eine Marke kaufen. Heute werden etliche solcher Modelle angeboten – etwa der Brand Funnel von BBDO, der Kauftrichter von McKinsey oder die Brand Pipeline von icon added value.

Sie alle basieren auf dem Grundgedanken, dass die Zielgruppe einen gewissen Prozess durchlaufen muss, bevor sie eine Marke kauft. Dieser Prozess verläuft in der Realität sicherlich nicht immer so starr wie in der Theorie. Ein Großteil dieses Prozesses läuft unbewusst in Sekundenschnelle ab, z.B. bei der Entscheidung für eine Marke vor dem Supermarktregal. Doch unabhängig davon, wie genau sich der Prozess in der Realität entfaltet – er muss an den richtigen Stellen durch die Markenführung beeinflusst werden, damit der Kunde eine bestimmte Marke kauft (siehe Abb. 1).

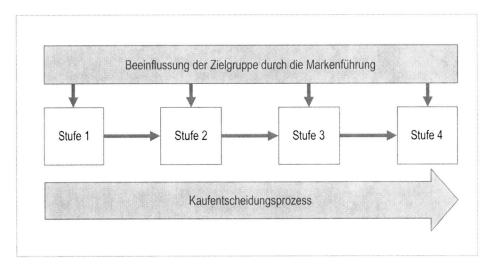

Abbildung 1: Grundgedanke des MWB-Modells: der zu beeinflussende Kaufentscheidungsprozess

Da der potenzielle Kunde theoretisch an jeder Stufe in diesem Prozess „hängen bleiben" kann, werden diese Stufen im MWB-Modell als Markenwachstumsbarrieren bezeichnet. Kennt zum Beispiel ein potenzieller Kunde die Marke X, würde aber nicht in Erwägung ziehen, sie zu kaufen, so bleibt er am Aspekt „Relevanz" hängen, an der Relevanzbarriere.

> *An jeder Stufe im Kaufentscheidungsprozess kann ein potenzieller Kunde „hängen bleiben" – also die nächste Stufe nicht erreichen. Da dies das Wachstum der Marke behindert, werden diese Stufen als Markenwachstumsbarrieren (MWB) bezeichnet.*

So kann eine Marke an verschiedenen Stufen im Prozess einen Teil der Zielgruppe „verlieren". Bleibt ein Großteil der Zielgruppe an einer bestimmten Barriere hängen, so bedeutet das nichts anderes, als dass an dieser Barriere besonders viel Wachstumspotenzial liegt. Denn gelingt es, die Gründe für das Hängenbleiben der Zielgruppe zu beseitigen, so reißt man diese Barriere ein und erhöht sofort das Zielgruppenvolumen an den nachfolgenden Barrieren – auch an der Kaufbarriere. Die Aufgabe des Markenverantwortlichen ist es also, die größten Barrieren einzureißen und die Zielgruppe an diesen Stellen nicht mehr bzw. nicht mehr so stark zu verlieren. Im klassischen Standardmodell, das für viele Kategorien eingesetzt werden kann, gibt es insgesamt sieben solcher Barrieren (siehe Abb. 2).

1. Bekanntheitsbarriere
Ein Teil der Zielgruppe hat von der Marke noch nicht gehört oder noch nichts gesehen.

2. Markenklarheitsbarriere
Ein Teil der Zielgruppe hat zwar bereits von der Marke gehört bzw. etwas gesehen, kann aber nicht genau sagen, wofür die Marke steht.

3. Relevanzbarriere
Ein Teil der Zielgruppe hat zwar eine Vorstellung davon, wofür die Marke steht, zieht sie für sich persönlich aber nicht in Erwägung.

4. Erste-Wahl-Barriere
Ein Teil der Zielgruppe zieht die Marke zwar neben anderen in Erwägung, doch die erste Wahl ist sie nicht.

5. Kaufbarriere
Ein Teil der Zielgruppe kauft eine Wettbewerbsmarke, obwohl die eigene Marke auch in Frage kam, vielleicht sogar erste Wahl war.

6. Wiederkaufbarriere
Ein Teil der Zielgruppe kauft die Marke kein zweites Mal, sondern entscheidet sich für einen Wettbewerber.

7. Empfehlungsbarriere

Ein Teil der Zielgruppe hat zwar eine Marke wiederholt gekauft, empfiehlt diese aber dennoch nicht aktiv weiter.

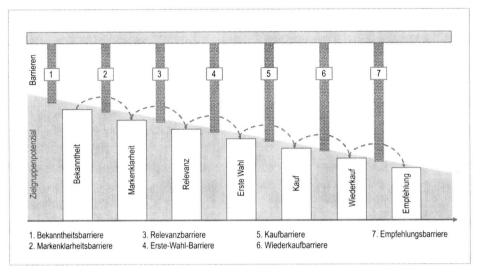

Abbildung 2: Standard MWB-Modell mit sieben Barrieren

Spielen Sie das Modell anhand eigener Beispiele durch. Stellen Sie sich z.B. eine bestimmte Zahnpasta-Marke vor. An welcher Barriere bleiben Sie persönlich hängen, wenn es um diese Zahnpasta geht? Wie sieht es im Bereich PKW aus? Oder beim Mobiltelefon? Damit Sie zukünftig zumindest bis zum Kauf der jeweiligen Marke vordringen, im Idealfall sogar bis zur aktiven Empfehlung, muss die jeweilige Markenführung Sie gezielt an der Barriere abholen, an der Sie „hängen", und diese Barriere für Sie einreißen. Sämtliche Ressourcen müssen auf das Überwinden der Barriere fokussiert sein.

Das Standard MWB-Modell beinhaltet sieben Markenwachstumsbarrieren: Bekanntheit, Markenklarheit, Relevanz, erste Wahl, Kauf, Wiederkauf und Empfehlung. Diese gilt es durch entsprechende Marketing- und Vertriebsmaßnahmen einzureißen, sollten sie dem Wachstum der Marke deutlich im Wege stehen.

Ist nun ein solch schlichter Gedanke – den zumal schon etliche andere zuvor gedacht haben – in der Lage, Markenführung neu zu definieren und gezieltes Markenwachstum zu ermöglichen?

Ja! Wenn man den Grundgedanken des MWB-Modells vollends ausreizt. Dann ist er in der Tat der Grundstein für ein Markenführungsmodell, das alle zehn Anforderungen aus Kapitel 2 erfüllt. Doch dazu muss man zunächst das Modell an die eigene Marke anpassen.

3.2. Das Do-It-Yourself-Set für ein eigenes Markenwachstumsbarrieren-Modell

Obwohl die meisten Kategorien und Segmente mit dem Standard MWB-Modell gut arbeiten können, gibt es Kategorien, bei denen das Standardmodell die Realität nicht ausreichend abbildet. Hier muss das Modell an die Kaufgewohnheiten angepasst werden. So mag bei manchen Kategorien die eine oder andere Barriere im Modell wenig sinnvoll sein, entweder weil es sie in der Kategorie ganz einfach nicht gibt oder weil ihre Überwindung äußerst unwahrscheinlich ist. Zum Beispiel macht die Wiederkaufbarriere bei Babybetten höchstwahrscheinlich wenig Sinn, da die meisten Eltern sich beim ersten Kind ein Bettchen kaufen und dieses dann auch für weitere Geschwister verwenden. Die Eltern dazu zu bringen, für jedes weitere Kind ein neues Babybett zu kaufen, würde unverhältnismäßig viel Aufwand bedeuten, sodass man diese Barriere von vornherein außer Betracht lassen kann.

Für andere Kategorien hingegen mag es sinnvoll sein, weitere Barrieren in das Modell aufzunehmen. Vor allem bei neuen oder ungesättigten Märkten sieht man sich als Marke oft zunächst mit der Kategoriebarriere kämpfen. So gibt es zum Beispiel in Deutschland Konsumenten, die grundsätzlich kein Kaugummi kaufen bzw. kauen. Gerade als Marktführer ist es dann von großem Interesse, diese Kategoriebarriere in Angriff zu nehmen, in der Annahme, dass die neu gewonnenen Kategoriekunden überwiegend die Produkte bzw. Dienstleistungen des Marktführers kaufen werden.

> *Jede Kategorie braucht ihr eigenes MWB-Modell, da in manchen Fällen ergänzende Barrieren wichtig sind und in anderen Fällen selbst manche Standardbarrieren keinen Sinn machen.*

Somit gilt es, zunächst das für eine bestimmte Kategorie geeignete MWB-Modell zu bauen. Dies geschieht am besten in den folgenden drei Schritten.

1. Voraussetzungen für einen Kauf

Zunächst werden sämtliche Voraussetzungen für einen Kauf aufgelistet. Nehmen wir als Beispiel den Reiseveranstalter DERTOUR. Wollte man für DERTOUR ein MWB-Modell erstellen, müsste man zunächst den gesamten Buchungsprozess darstellen. Bis ein Kunde seinen Urlaub bei DERTOUR bucht, muss Folgendes geschehen:

Wir starten mit der mobilen Gesamtbevölkerung (Personen, die etwa aus gesundheitlichen Gründen nicht verreisen können, sind bereits ausgeschieden). Eine Person dieser mobilen Gesamtbevölkerung muss einen Reisewunsch haben. Dieser Reisewunsch muss dann auch realisiert werden (können), zeitlich und finanziell. Weiter muss diese Person ihre Reise über einen Reiseveranstalter planen und buchen wollen, statt sie selbst zu organisieren (z.B. ein Urlaub mit dem Wohnwagen im Schwarzwald). Des Weiteren sollte die Person DERTOUR kennen und wissen, wofür DERTOUR steht, DERTOUR nicht nur in Erwägung ziehen, sondern die Angebote bevorzugen und letztendlich bei DERTOUR buchen. Nach der Reise ist der Kunde im Idealfall zufrieden, bucht seinen nächsten Urlaub abermals bei DERTOUR und empfiehlt das Unternehmen noch an Freunde und Bekannte weiter (siehe Abb. 3).

Fazit: Eine Marke sieht sich einer Vielzahl an Barrieren gegenüber, die alle überwunden werden müssen, will man ihr Wachstumspotenzial vollends ausschöpfen.

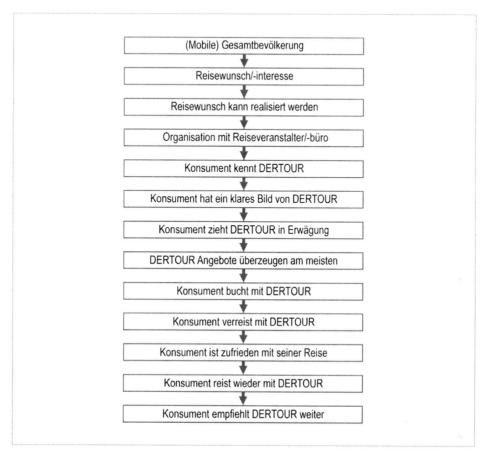

Abbildung 3: Buchungsprozess als Basis eines MWB-Modells für DERTOUR

2. Wo können überall Barrieren liegen?

Nun stellt man sich die Frage, an welchen Punkten entlang des oben beschriebenen Prozesses man einen potenziellen Kunden „verlieren" könnte. Aus dem benötigten Reisewunsch etwa wird eine Reisebarriere, wenn die Zielgruppe bestimmte Gründe hat, nicht zu verreisen: Zeitmangel, Flugangst, Aufwand, den eine Reise mit einer großen Familie mit sich bringt etc. Sind sich manche Aspekte recht ähnlich, so können sie zu einer Barriere zusammengefasst werden, denn viele Barrieren im Modell bedeuten auch viel Aufwand bei der Beschaffung der Daten. So könnte man sich den Punkt „Realisierung des Reisewunschs" sparen bzw. ihn mit der Reisewunschbarriere zusammenlegen. Es geht dann nur um die Frage: „Wird die Person verreisen oder nicht?" Auch das eigentliche Buchen der Reise kann mit dem Verreisen an sich zu einer Barriere – etwa der Buchungsbarriere – zusammengefasst werden, da jemand, der gebucht hat, in der Regel auch verreisen wird. Auf diese Art und Weise entsteht eine Liste aller möglichen Barrieren.

3. *Welche Barrieren sind sinnvoll?*

Hat man die Liste an möglichen Barrieren entworfen, gilt es noch zu überprüfen, welche am meisten Sinn machen. Wie schon erwähnt, muss eine Barriere, die man aus bestimmten Gründen niemals überwinden wird, nicht unbedingt aufgenommen werden. Zum Abschluss werden die verbliebenen Barrieren mit einem passenden Namen versehen. Außerdem wird festgehalten, wie die entsprechenden Daten erhoben werden sollten und können, sprich in welchen Studien und mit welchen Fragestellungen (siehe Abb. 4).

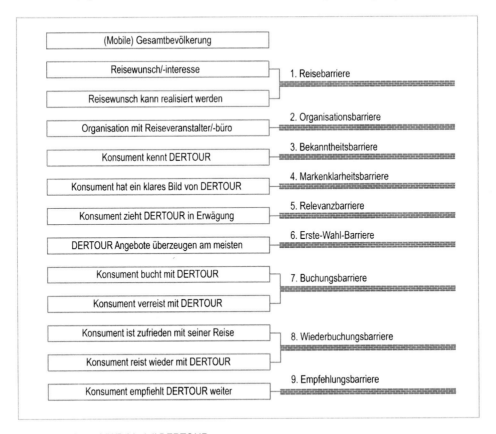

Abbildung 4: *MWB-Modell DERTOUR*

> *Um das ideale MWB-Modell für die eigene Kategorie zu erstellen, sind folgende Überlegungen anzustellen:*
> 1. *Was sind die Voraussetzungen für einen Kauf?*
> 2. *Wo können überall Barrieren liegen?*
> 3. *Welche Barrieren können zusammengefasst werden, welche sind sinnvoll?*

3.3. Das Modell füllen – mit frischen oder gebrauchten Daten?

Das MWB-Modell muss nun mit Daten gefüllt werden. Hierbei hat man die Wahl zwischen der Nutzung „frischer Daten" und „gebrauchter Daten".

Frische Daten

Frische Daten werden eigens für dieses Modell und seine Analyse erhoben. Diese Daten sind natürlich die genauesten, allerdings auch immer mit zusätzlichen Marktforschungskosten und Zeitaufwand verbunden, es sei denn man erweitert einfach eine bestehende, regelmäßige Studie um die relevanten Fragen.

Für das Füllen eines Standard-MWB-Modells verwendet man idealerweise die Angaben zu folgenden Fragestellungen (veranschaulicht anhand des Beispiels „privater PKW"):

1. Bekanntheitsbarriere (gestützte und ungestützte Markenbekanntheit)
   Nun möchte ich mich mit Ihnen über Marken und Anbieter von PKWs unterhalten. Welche Unternehmen bzw. Marken fallen Ihnen ganz spontan ein?

   Man denkt ja nicht gleich an alle Anbieter und Marken von PKWs. Ich lese Ihnen nun einige Marken vor. Welche davon kennen Sie, wenn auch nur dem Namen nach?

2. Markenklarheitsbarriere
   Wie Menschen kann man ja auch Marken mehr oder weniger gut kennen. Wie klar und deutlich ist Ihre Vorstellung von den folgenden PKW-Marken, das heißt, wie genau ist Ihre Vorstellung davon, wofür die jeweilige Marke steht? Benutzen Sie dazu bitte die Werte von 1 bis 5, wobei 5 meint „klar und deutlich" und 1 meint „verschwommen und undeutlich".

3. Relevanzbarriere
Wie sehr kommt die jeweilige Marke bei der Auswahl eines PKWs für Sie in Frage? (Skala 1-5)

4. Erste-Wahl-Barriere
Und welche Marke ist bei PKWs Ihre erste Wahl?

5. Kaufbarriere
Von welchen PKW-Marken haben Sie in den letzten fünf Jahren einen PKW gekauft/ besessen?

6. Wiederkaufbarriere
Von welchen Marken haben Sie wiederholt einen PKW gekauft bzw. würden Sie in Zukunft wieder einen PKW kaufen?

7. Empfehlungsbarriere
Welche PKW-Marken haben Sie Ihren Verwandten, Freunden und Bekannten bereits weiterempfohlen?

Bei der Übertragung der erhobenen Daten in das Modell gibt es einige Punkte zu beachten:

1. Zunächst werden die Prozentangaben zur eigenen Marke eingetragen (X Prozent der Zielgruppe kennt unsere Marke, Y Prozent der Zielgruppe hat ein klares Bild unserer Marke etc., siehe Abb. 5).

2. Ebenso verfährt man mit den wichtigsten Wettbewerbsmarken (siehe Abb. 6).

3. Hierbei ist zu beachten, dass sich die Angaben immer auf die gleiche Basis (Gesamtzielgruppe) beziehen müssen. Gerade wenn man unterschiedliche Studien verwendet, kann es passieren, dass sich einige Prozentangaben auf einen bestimmten Teil der Zielgruppe beziehen. Die Frage zum Wiederkauf wird beispielsweise oft nur denjenigen gestellt, die auch gekauft haben. Doch um zunächst die absoluten Werte korrekt in das Modell einzutragen, benötigt man diese Angabe bezogen auf die gesamte Zielgruppe, inklusive aller Käufer und Nichtkäufer.

Das Modell füllen – mit frischen oder gebrauchten Daten?

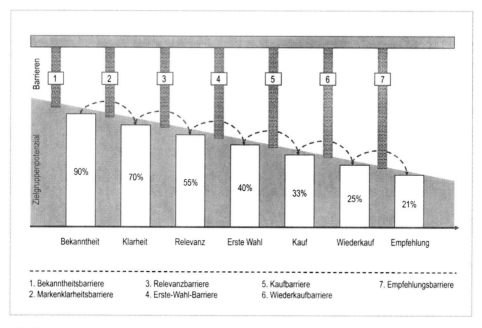

Abbildung 5: MWB-Modell mit absoluten Werten für die eigene Marke

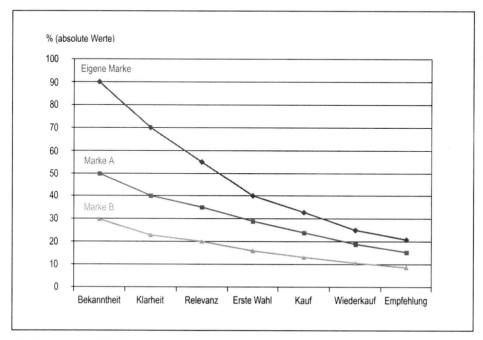

Abbildung 6: MWB-Modell mit absoluten Werten – die eigene Marke im Wettbewerbsvergleich

Gebrauchte Daten

Gebrauchte Daten sind kostengünstiger – man holt sich die Zahlen und Fakten aus bereits erhobenen Studien wie Image-Studien, Werbetrackings und Abverkaufsberichten. Diese Vorgehensweise kann allerdings zu Fehlinterpretationen führen, wenn man einige Regeln nicht beachtet:

1. Die befragte Zielgruppe muss dieselbe sein (ansonsten muss man unter Umständen auf eine gemeinsame Basis hoch- oder runterrechnen).
2. Die Erhebungszeiträume müssen weitestgehend übereinstimmen (auf ein Jahr bezogen ist für die meisten Kategorien ausreichend).
3. Es müssen möglichst die gleichen Wettbewerber untersucht werden, um Lücken beim Wettbewerb zu vermeiden.

3.4. Fokusbarrieren identifizieren

Hat man sein Modell mit den entsprechenden Daten sowohl für die eigene Marke als auch für die wichtigsten Wettbewerber gefüllt, sucht man als Nächstes nach den so genannten Fokusbarrieren. Diese entsprechen den Eingangs genannten „großen Baustellen". Die ausschließliche Betrachtung der absoluten Zahlen im Modell reicht nicht aus. Denn die Information, an welcher Wachstumsbarriere man über oder unter dem Wettbewerb liegt, hilft einem nicht viel weiter. Würde man rein nach dieser Betrachtung gehen, müssten alle „kleinen" Marken jede Barriere zur Fokusbarriere erklären. Spannender ist der Blick auf die relative Entwicklung von Barriere zu Barriere.

Die Frage ist also, wie viel Prozent seiner potenziellen Käuferschaft man über die nächste Barriere retten kann. Eine Marke X wird zum Beispiel von 55 Prozent der Zielgruppe in Betracht gezogen, doch nur 40 Prozent der Zielgruppe sehen sie auch als erste Wahl (siehe Abb. 7). In diesem Fall hat die Marke X einen Teil ihres Potenzials aus der Vorbarriere (Relevanz) an der nächsten Barriere (erste Wahl) verloren. Ihr relativer Wert an der Barriere „erste Wahl" beträgt nur 73 Prozent (40 Prozent von 55). Die anderen 27 Prozent des Potenzials hat die Marke verloren.

Fokusbarrieren identifizieren

> *Eine wichtige Frage bei der Analyse der Markenwachstumsbarrieren lautet: Wie viel Prozent der potenziellen Kunden rettet man über die nächste Barriere? Wie viel Prozent verliert man entsprechend an dieser Barriere?*

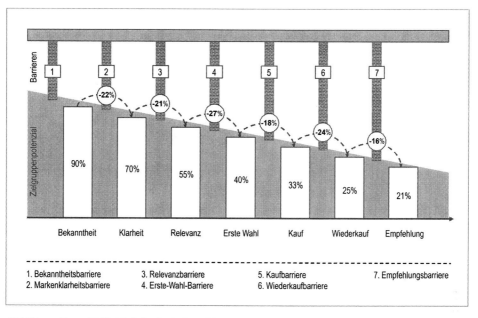

Abbildung 7: MWB-Modell mit relativen Werten – nur für die eigene Marke

Nun kommt der Wettbewerb ins Spiel: Eine andere Marke Y, die vielleicht insgesamt ein kleinerer Spieler im Markt ist, wird hingegen nur von 30 Prozent der Zielgruppe in Betracht gezogen, aber von 27 Prozent allen anderen vorgezogen. Diese Marke Y verliert nur 10 Prozent ihrer potenziellen Käuferschaft an der Barriere „erste Wahl". Ihr relativer Wert an dieser Barriere beträgt also immer noch 90 Prozent. Diese Marke Y mag zwar „kleiner" sein als Marke X, doch sie scheint an der Barriere „erste Wahl" etwas entscheidend besser zu machen. Was immer es ist, das Marke Y besser macht, Marke X sollte theoretisch ebenfalls in der Lage dazu sein und ihren relativen Wert von 73 auf 90 Prozent steigern können. Hier liegt demnach großes Wachstumspotenzial für Marke X – eine „große Baustelle", eine Wachstumsbarriere.

Erstellt man also einen Vergleich der relativen Werte seiner eigenen Marke und der Wettbewerbsmarken, sieht man schnell, an welchen Barrieren man besser dastehen könnte. Denn zunächst einmal gibt es keinen Grund, weshalb man nicht ebenso viel Potenzial von einer Barriere zur nächsten retten kann wie der Wettbewerb. Und es gibt keinen Grund, warum „große" Marken nicht auch von „kleinen" Marken lernen können.

> *Erst der Vergleich mit der Leistung des Wettbewerbs an jeder Barriere zeigt auf, an welchen Barrieren man „unnötig" viel Potenzial – also einen unnötig großen Anteil der Zielgruppe – verliert. Diese Barrieren sind die zukünftigen Fokusbarrieren.*

Betrachtet man die relativen Werte – die eigenen und die der wichtigsten Wettbewerber – im Überblick, so sieht man eine Art Korridor, in dem alle Marken sich bewegen. Man kann davon ausgehen, dass vor allem der obere Rand des Korridors, sprich die besten relativen Werte an den einzelnen Barrieren, das aktuelle Maximum sind, das unter den gegebenen Marktumständen erreicht werden kann. Hierbei geht man davon aus, dass ein Markt oder eine Kategorie bestimmten Spielregeln folgt, die für alle Spieler gelten (siehe Abb. 8).

Dass in der Realität tatsächlich eine gewisse Konformität in der Entwicklung der Marken entlang des Kaufprozesses existiert, zeigte schon der Blick auf die absoluten Werte im MWB-Modell. Die Erfahrung zeigt, dass die einzelnen Linien der Marken im Diagramm in den meisten Fällen nahezu parallel verlaufen oder zumindest in einem ähnlichen Muster. Es gibt Kategorien, in denen nahezu alle Marken von der Erste-Wahl-Barriere zur Kaufbarriere deutlich zulegen, einfach weil in der Regel mehr als eine Marke gekauft wird. Das heißt, dass auch Marken, die nicht erste Wahl sind, gekauft werden. Ein Beispiel hierfür ist Shampoo. Bei den wenigsten steht im Badezimmer eine einzige Shampoo-Marke. Die meisten haben mindestens zwei verschiedene Marken im Badezimmer stehen. Nur eine davon war die erste Wahl. Ähnlich ist es bei Duschgel. Es gibt also häufig Parallelverwendungen. In anderen Kategorien verändern sich die Werte von Erste-Wahl zu Kauf kaum, nämlich dann, wenn nur eine Marke, die „bevorzugte Marke", gekauft wird. Dies ist zum Beispiel dann der Fall, wenn man in dieser Kategorie wenig experimentierfreudig ist. Das Risiko eines Fehlkaufs könnte zu groß sein. Schon bei Deodorants lässt sich ein solches Verhalten beobachten. Hat man sich für eine Deodorant-Marke entschieden, bleibt man gerne bei seiner ersten Wahl. Das Risiko, von einer anderen Marke enttäuscht zu werden (unangenehmer Schweißgeruch oder unansehnliche Schweißflecken) ist schlicht und einfach zu groß.

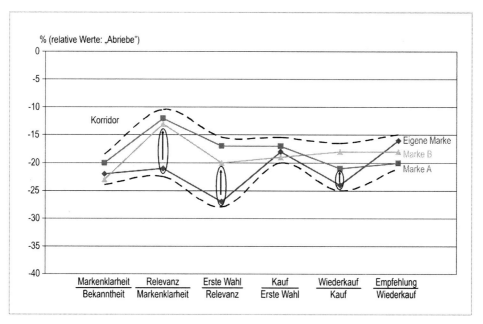

Abbildung 8: MWB-Modell mit relativen Werten – die eigene Marke im Wettbewerbsvergleich

Diese Konformität innerhalb einer Kategorie schlägt sich in der Betrachtung der relativen Werte nieder, wodurch der erwähnte Korridor entsteht. Nur selten schlägt eine Marke an einer bestimmten Barriere besonders aus. Auf diese Weise sieht man recht schnell, an welchen Barrieren sich das größte Wachstumspotenzial für die eigene Marke „versteckt": nämlich dort, wo man eher am unteren Rand des Korridors liegt.

Wie man es schafft, sich in Zukunft an den entscheidenden Barrieren weiter in den oberen Bereich des Korridors zu arbeiten, wird im vierten Kapitel beschrieben. Wichtig in diesem ersten Schritt ist, dass man den Fokus festlegt und weiß, wo man tiefer einsteigen und wohin man sämtliche Ressourcen lenken muss, um Wachstum zu erzielen.

3.5. Die vollendete Markenführung oder Markenführung in Vollendung?

Mit dem MWB-Modell wird nicht nur aufgezeigt, wie sich die eigene Marke im Vergleich zum Wettbewerb entlang des Kaufentscheidungsprozesses entwickelt. Das Modell geht deutlich weiter und beantwortet zusätzlich folgende Fragen der Markenführung:

1. Wie legt man messbare Markenführungsziele fest?
2. Welche Wachstumsstrategie soll man verfolgen?
3. Auf welche Zielgruppe konzentriert man sich?
4. Wie leitet man einen wachstumsorientierten Marketing- und Vertriebsplan ab?
5. Wie berechnet man sein Return on Marketing Investment (ROMI)?
6. Wie kontrolliert man seinen Wachstumserfolg?

Wie legt man messbare Markenführungsziele fest?

Das maximale Potenzial, das über eine Barriere typischerweise herübergerettet werden kann, ist in der Regel der Wert des besten Wettbewerbers an dieser Barriere. Daraus ergibt sich entlang aller Barrieren ein weiterer Korridor zwischen der eigenen Marke und dem jeweils besten Wettbewerber. Das, was die eigene Marke im Markt erreichen kann, liegt innerhalb dieses Korridors. Die jeweils beste Marke bildet die Obergrenze. Warum nimmt man den Wert des besten Wettbewerbers als das Maximum, das erreicht werden kann an? Weil man davon ausgeht, dass jeder Markt nach gewissen Regeln und Gesetzen funktioniert, an die alle „Spieler" gebunden sind. Das erklärt, weshalb sich die relativen Werte der meisten Marken in einem Markt in einem ähnlichen Muster entwickeln. Die allgemeine Vorgehensweise der Zielgruppe bei der Wahl einer Marke ist ähnlich, ebenso das Verhalten bei Wiederkäufen oder Empfehlungen. Es ist unwahrscheinlich, dass man diese Gesetze auf Anhieb aushebelt.

Das Wachstumsziel der eigenen Marke liegt innerhalb des Bereichs zwischen dem aktuellen relativen Wert an einer Barriere und dem relativen Wert des besten Wettbewerbers.

Nun muss das Maximale auch tatsächlich als maximal betrachtet werden. Das heißt, das eigentliche Ziel, auf das man sich festlegt, sollte nicht darüber liegen – aber es kann durchaus darunter liegen. In vielen Fällen wird das Maximale, auch wenn ein Wettbewerber dies erreicht haben mag, für die eigene Marke aktuell noch utopisch sein. Es gilt, für sich einen Punkt innerhalb des Korridors zu finden, mit dem man die vier wichtigsten Anforderungen an ein Ziel erfüllen kann:

- Spezifisch: das zu erreichende Ziel ist klar definiert (in Zahlen)
- Messbar: der Zielwert kann gemessen und damit kontrolliert werden
- Erreichbar: das Ziel ist realistisch
- Kompatibel: das Ziel steht mit keinem der anderen Ziele (andere Fokusbarrieren) im Konflikt

Im Idealfall werden hierzu Szenarien gebildet. Denn bei der Zielfestlegung gilt es nicht nur zu überprüfen, wie sinnvoll und realistisch die gewünschte Entwicklung an einer bestimmten Barriere ist. Es ist ebenso wichtig, sich anzusehen, wie sich die Entwicklung an den nachfolgenden Barrieren auswirken dürfte. Denn verbessert man seinen relativen Wert z.B. an der Markenklarheitsbarriere so verbessern sich automatisch die (absoluten) Zahlen an den nachfolgenden Barrieren, sprich an der Relevanzbarriere, der Erste-Wahl-Barriere etc. Schließlich ist der „Durchfluss" der Zielgruppe größer geworden. Hier gilt es also, verschiedene Szenarien durchzuspielen und zu entscheiden, welches Ziel tatsächlich (auch basierend auf Erfahrungswerten) realistisch wäre und welches reines Wunschdenken bleibt.

Damit das Ziel nicht nur spezifisch, messbar und kompatibel, sondern auch erreichbar ist, spielt man mithilfe von Szenarien verschiedene Zielmöglichkeiten innerhalb des theoretisch möglichen Bereichs durch.

Welche Wachstumsstrategie soll man verfolgen?

Auch diese Frage lässt sich mit der Betrachtung der relativen Werte entlang des MWB-Modells besser beantworten. Wir erinnern uns: Die vier klassischen Wachstumsstrategien sind Penetration (Gewinnen neuer Kategoriekunden), Konvertierung (Gewinnen von Wettbewerbskunden), Loyalität (Steigern der Loyalität der eigenen Kunden) und Frequenz (Steigern der Nutzungshäufigkeit). Es müssen bei der Wahl der Wachstumsstrategie immer sowohl die Größe als auch die Einschätzung, wie einfach die Zielgruppe zu überzeugen ist, bedacht werden.

Das MWB-Modell ist eine praktische Ergänzung zur ersten Analyse der Wachstumsstrategien in der Form einer Kontrolle und Bestätigung.

> *Die MWB-Analyse überprüft unter anderem auch die gewählte Wachstumsstrategie. Liegen Fokusbarrieren im vordersten Bereich des Modells, spricht vieles für eine Penetrationsstrategie. Fokusbarrieren im mittleren Bereich (bis Kauf) sprechen für Konvertierung, während Barrieren dahinter auf Loyalität oder Frequenz hindeuten.*

Ist nicht ganz deutlich, in welchem Strategiebereich man mit seinen identifizierten Fokusbarrieren liegt, so kann auch eine Strategiekombination die sinnvollste Lösung sein. Hierbei gibt es Strategien, die besser zueinander passen, während andere weniger gut zu kombinieren sind. Es hängt hauptsächlich von der Zielgruppe ab, die man ansprechen möchte.

STABILO, ein Hersteller von Schreibgeräten, musste sich vor einiger Zeit für eine Strategiekombination entscheiden, welche seinem Leuchtmarkierer-Geschäft in Malaysia die besten Wachstumsmöglichkeiten versprach. Die vier klassischen Wachstumsstrategien wurden hierzu untersucht und das jeweilige Potenzial verglichen. Hierbei kamen die zwei Hauptkriterien zum Tragen: die Größe der Zielgruppe bei den entsprechenden Strategien und wie einfach sie zu überzeugen war.

Die Loyalitätsstrategie versprach am Ende das meiste Wachstum, aber auch Konvertierung und Frequenz boten ausreichend Zielgruppenpotenzial. Die Penetrationsstrategie hingegen wies weniger Potenzial auf. Diese Strategie wäre außerdem nur schwer mit einer weiteren Strategie zu verbinden, da die Penetrationszielgruppe – Nichtverwender von Leuchtmarkierern – einen völlig anderen Zugang zu den Produkten hat. Diese Zielgruppe muss man von der gesamten Kategorie überzeugen. Man hätte Argumente für die eigentliche Nutzung von Leuchtmarkierern gebraucht. Die Botschaft hätte z.B. sein können: „Den meisten fällt es schwer, einen längeren Text schnell zu verstehen und sich die wichtigen Punkte zu merken und später zu überfliegen. Mit einem Leuchtmarkierer fällt einem das alles viel leichter! Merken Sie sich Dinge schneller und besser – mit den Leuchtmarkierern von STABILO heben Sie alles Wichtige deutlich hervor." Jemand, der jedoch bereits Leuchtmarkierer verwendet, wird von einer solchen Botschaft nicht beeindruckt sein und schon gar nicht beeinflusst werden. Höchst wahrscheinlich wird die Botschaft überhaupt nicht wahrgenommen, da es ihr an jeglicher Relevanz für den heutigen Verwender mangelt. Da sich alle drei anderen Strategien – Konvertierung, Loyalität und Frequenz – jedoch mit Verwendern einer Kategorie beschäftigen, ist die Kombination mit Penetration und einer entsprechenden Botschaft in der Regel wenig wirksam, es sei denn, man hat die nötigen Ressourcen, um sich auf zwei Zielgruppen zu konzentrieren.

Blieben also für STABILO die Strategien Loyalität, Konvertierung und Frequenz zur Auswahl. Wie bereits erwähnt, versprach die Loyalitätsstrategie mehr Wachstum als die anderen beiden, welche nahezu auf einer Stufe standen. Insofern stellte sich die Frage: Passen Loyalität und Konvertierung besser zusammen oder Loyalität und Frequenz?

Bei der Loyalitätsstrategie werden als Zielgruppe die eigenen Verwender angesprochen: Kunden, die bereits STABILO Leuchtmarkierer verwenden, in den meisten Fällen jedoch auch weitere Marken auf dem Schreibtisch oder in der Tasche haben. Trotz der Verwendung verschiedener Marken haben diese Personen bereits etwas Positives in STABILO Leuchtmarkierern gesehen. Etwas, das sie zumindest dazu veranlasst hat, den einen oder anderen Leuchtmarkierer von STABILO zu kaufen. Allerdings war die Mehrheit nicht so weit von STABILO überzeugt, als dass sie komplett auf andere Marken verzichtet hätte. Die Verfolgung der Loyalitätsstrategie hätte also erfordert, weitere starke Argumente für STABILO Leuchtmarkierer zu finden, um die Zielgruppe davon zu überzeugen, ausschließlich STABILO zu verwenden.

Mit der Frequenzstrategie hätte STABILO alle Verwender der Kategorie ansprechen und diese davon überzeugen müssen, dass es besser ist, einen Leuchtmarkierer noch häufiger zu verwenden. Dies hätte vermutlich eine Reihe an Beispielsituationen in der Kommunikation erfordert, die zeigen, in welcher Form und für welche Aufgaben man Leuchtmarkierer sonst noch nutzen kann. Solche Situationen hätten sein können: Bilder malen, Texte schmücken, Einkaufszettel strukturieren etc. Dabei hätte der Fokus mehr auf der Nutzung von Leuchtmarkierern an sich und weniger auf starken Argumenten für STABILO gelegen. Insofern wäre eine Loyalitäts-Frequenz-Kombination aufgrund der zu unterschiedlichen Botschaften an die Zielgruppe schwierig gewesen.

Blieb also noch die Kombination zwischen Loyalität und Konvertierung – eine in der Tat häufig gewählte Kombination, da eine gemeinsame Botschaft möglich ist. In beiden Fällen gilt es, die Zielgruppe vom Wettbewerb abzubringen. Wettbewerbsverwender sollen zu STABILO wechseln und STABILO-Verwender sollen aufhören, nebenbei immer noch Wettbewerbsprodukte zu verwenden. Man sucht also nach Argumenten *gegen* den Wettbewerb und *für* die eigene Marke. Somit wurde die Loyalitätsstrategie von STABILO als Primärstrategie gewählt, und die Konvertierungsstrategie flankierend als Sekundärstrategie.

Diese Strategiekombination wurde mit der MWB-Analyse für STABILO Leuchtmarkierer überprüft und bestätigt. In der Tat ergab auch die MWB-Analyse, dass die Fokusbarrieren für STABILO eher im Bereich rund um den Kauf lagen (hier geht es um Konvertierung und Loyalität) und weniger im vorderen Bereich, was auf Penetration hätte schließen lassen. Der Fokus innerhalb der beiden Strategien wurde durch die Barrierenanalyse noch deutlicher: Es galt, nicht nur den Kauf an sich anzugehen, sondern auch schon die erste Wahl und später den Wiederkauf.

> *Nicht alle Wachstumsstrategien lassen sich problemlos kombinieren. Es gilt zu überprüfen, wie ähnlich sich die beiden anzusprechenden Zielgruppen sind und inwieweit es möglich sein sollte, eine gemeinsame und dennoch konkrete, spitze Botschaft zu kommunizieren.*

Auf welche Zielgruppe konzentriert man sich?

Aus der Strategie ergibt sich die Zielgruppe. Je nach Strategie sind es eben die Wettbewerbskunden, neue Kategoriekunden und/ oder die eigenen Kunden. Es mögen „Heavy User" sein (Kunden, die einen großen Bedarf haben) oder „Light User" (Kunden, die derzeit noch einen geringeren Bedarf haben). In jedem Fall muss man sich entscheiden. Nicht nur für seine maximal zwei bis drei Fokusbarrieren, sondern auch für seine Wachstumsstrategie und die Zielgruppe, auf die man sich konzentrieren will. Diese Entscheidungen werden einem durch das MWB-Modell leicht gemacht. Dies ist einer der großen Vorteile des Modells, denn hier tut man sich in der Praxis gemeinhin schwer.

Eine häufige Antwort auf die Frage „Wen wollen Sie ansprechen?" lautet: „Auf jeden Fall wollen wir Wettbewerbskunden überzeugen und gewinnen. Natürlich sprechen wir auch neue Kategoriekunden an, um den Markt zu vergrößern. Und unsere eigenen Kunden dürfen wir selbstverständlich auch nicht verlieren – die sprechen wir also auch an." Das ist das Unangenehme an Entscheidungen: Will man sich *für* etwas entscheiden, so entscheidet man sich automatisch *gegen* die Alternativen. Und sich bewusst gegen eine Zielgruppe zu entscheiden, fällt keinem Markenverantwortlichen leicht. Umgeht man jedoch diese Entscheidung, so führt das z.B. dazu, dass man sich in seinen Werbebotschaften mit recht oberflächlichen Inhalten zufrieden geben muss. Denn je breiter die Zielgruppe, desto allgemeiner muss die Aussage sein, sonst eckt man bei einigen an. Eine oberflächliche Botschaft wird jedoch niemals die gleiche Wirkung erzielen wie eine konkrete, spitze Botschaft. Sie wird demnach auch weniger zum Wachstum beitragen.

Einige Markenverantwortliche haben Bedenken, dass neue Ansätze oder Botschaften die bestehende Käuferschaft „vergraulen" könnten. Dies darf natürlich nicht geschehen, weshalb man diese Botschaften sicherheitshalber mit der bestehenden Zielgruppe testen sollte. Oft stellt man dann fest, dass diese sich durch die neuen Botschaften in ihren bisherigen Kaufentscheidungen bestätigt fühlen. Erfolgreicher wird am Ende also derjenige sein, der mit eindeutigen Fokusbarrieren, klaren Zielen, einer festgelegten Strategie und einer konkreten Zielgruppe arbeitet.

Die Antworten auf die nächsten drei Fragen der Markenführung zur Ableitung eines Marketing- und Vertriebsplans, zur Berechnung des Return on Marketing Investment und zur Kontrolle des Wachstumserfolgs werden im sechsten Kapitel beschrieben, da sie in der eigentlichen Nutzung und Umsetzung des MWB-Modells erst zu einem späteren Zeitpunkt erfolgen. Bevor man sich mit diesen Punkten auseinandersetzt, gilt es, die eigentlichen Maßnahmen und Botschaften abzuleiten und zu entwickeln. Hierbei geht es darum, zunächst zu verstehen, warum eine Fokus-Barriere überhaupt existiert, um im nächsten Schritt alles dafür zu tun, diese Gründe und Ursachen auszuräumen. Denn erst wenn man weiß, was man tun muss und was man erreichen will, stellt sich die Frage nach dem „Wie".

3.6. Wer nicht fragt, der nicht gewinnt! – Fragen und Antworten rund um die Identifikation von Barrieren

Nachfolgend finden Sie Fragen zur Markenführung, die zu stellen sich lohnt, vor allem wenn sie schon lange nicht mehr gestellt wurden. Mithilfe des MWB-Modells sowie den eigenen Marktforschungsdaten finden Sie die richtigen Antworten.

Die Fragen helfen sicherzustellen, dass alles auf Wachstum ausgerichtet ist und keine Chance ungenutzt bleibt. Die Antworten sind als Beispiele zu sehen, wie man mithilfe des MWB-Modells den richtigen Ansatz für jede Frage findet. Das Ganze wird greifbarer gemacht durch das Beispiel der fiktiven Marke „Erfrischer". Unter dieser Marke werden Wasserspender an private Haushalte sowie an Unternehmen und Organisationen verkauft, die häufig direkten Kundenkontakt haben und für die der Service „Trinkwasser" sinnvoll ist. Dies trifft z.B. auf Unternehmen mit eigenen Verkaufsstätten, Arztpraxen, Krankenhäuser, Schulen, öffentlicher Dienst etc. zu.

❓ *Wo stehen wir im Markt im Vergleich zum Wettbewerb?*

☑ *Die absoluten Zahlen im MWB-Modell zeigen, dass wir mit der Marke Erfrischer sehr gut dastehen. Die Wettbewerbsmarken Spenda und DurstKO schneiden zwar bei der Bekanntheitsbarriere ein wenig besser ab als wir, jedoch befinden wir uns ziemlich am oberen Ende des Marktkorridors. Richtig spannend wird es allerdings, wenn wir uns die Kategoriebarrieren anschauen. Zwar kennt der Großteil der Zielgruppe das Konzept eines Wasserspenders, doch an der Kategoriebarriere „Kaufabsicht Wasserspender" bleibt immer noch die Mehrheit hängen. Unsere Wettbewerber sind in diesem Fall Anbieter von Mineralwasser in Flaschen. Der gesamte Markt bietet demnach noch großes Penetrationspotenzial, sowohl bei privaten Haushalten als auch bei Unternehmen. Das wollen wir gezielt nutzen und sehen hier somit unsere Priorität. Unsere zweite Priorität liegt im Bereich der Markenbarrieren. Hier sehen wir, dass wir an manchen dieser Barrieren zusätzlich noch Verbesserungspotenzial haben. Vor allem an den Barrieren erste Wahl und Kauf nutzen andere Wasserspender-Marken wie Spenda und DurstKO ihr Zielgruppenpotenzial besser als wir. Bei Unternehmen gelingt es uns beispielsweise nur ca. 30 Prozent derjenigen, die uns in Betracht gezogen haben, auch tatsächlich zum Kauf von Wasserspendern zu bewegen. Bei Privatpersonen sind es sogar nur 25 Prozent. Bei Spenda und DurstKO liegen die entsprechenden Werte hingegen bei rund 35 Prozent. Wir untersuchen gerade, was unsere Schwächen bezüglich dieser beiden Barrieren sind, um dann unsere Ressourcen darauf konzentrieren zu können, uns an dieser Stelle zu verbessern.*

❓ *Können wir uns auf die Daten verlassen?*

☑ *Im Falle der Privatpersonen sind viele der genutzten Daten wie etwa die Markenbekanntheit oder der Markenkauf und -wiederkauf gängige Marktforschungsdaten. Diese Daten werden jährlich erhoben. Andere Daten haben wir neu erhoben, indem wir den bisherigen Fragenkatalog angepasst haben. Dabei ist sichergestellt, dass* alle Daten sich auf die gleiche Zielgruppe – moderne Familien und Paare – beziehen und aus dem gleichen Zeitraum stammen. Außerdem verfügen wir über die passenden Daten zu den wichtigsten Wettbewerbsmarken Im Falle der Unternehmen stützen wir uns auf eine regelmäßige Umfrage, die wir selbst bei Kunden und potenziellen Kunden durchführen sowie auf die Erfahrung und Einschätzung durch langjährige Außendienstmitarbeiter. Zudem sehen wir eine eindeutige Korrelation zwischen den erhobenen Werten des MWB-Modells und den erzielten Marktanteilen – und zwar sowohl bei unserer Marke als auch bei unseren Wettbewerbern.

Funktioniert das Modell auch wirklich für unsere Kategorie?

☑ Das gesamte Modell ist aus dem realen Kaufentscheidungprozess in der Kategorie abgeleitet, sodass sämtliche Besonderheiten rund um die Abnahme und Nutzung eines Wasserspenders bereits im Modell-Aufbau berücksichtigt sind. Das heißt beispielsweise, dass wir zusätzliche Kategoriebarrieren am Anfang des Modells integriert haben, da noch längst nicht jedes Unternehmen oder jeder Privathaushalt von Mineralwasser in Flaschen auf Wasserspender umgestiegen ist. Trotzdem wurde darauf geachtet, dass das Modell weiterhin so praktikabel, einfach und klar bleibt wie möglich.

Was ist unser Wachstumsziel?

☑ Das Wachstumsziel an der Barriere „Kaufabsicht Wasserspender" haben wir auf 25 Prozent gesetzt. Bislang entwickelten nur 20 Prozent derjenigen, die das Konzept der Wasserspender kennen, auch eine Kaufabsicht – zunächst unabhängig von der Marke. Ein Anstieg auf 25 Prozent sollte mit den richtigen Maßnahmen möglich sein. In anderen Ländern liegen vergleichbare Werte schon bei teilweise 50 bis 60 Prozent.

Die Wachstumsziele an den beiden anderen Barrieren erste Wahl und Kauf liegen innerhalb des möglichen Zielkorridors. Die relative Leistung des besten Wettbewerbers – in diesem Fall ist das Spenda – legt hierbei unser Maximum an den Fokusbarrieren erste Wahl und Kauf fest. Spendas relativer Wert im Falle der Privatpersonen liegt hier bei 75 Prozent, sprich die Marke schafft es, bei 75 Prozent derjenigen, die sich unter anderem Spenda als Wasserspender vorstellen können, erste Wahl zu werden. In den meisten Fällen werden dann auch die Wasserspender von Spen-

da abgenommen. Realistisch wäre für uns eine Verbesserung des relativen Werts von derzeit 45 auf 55 Prozent. Die 75 Prozent von Spenda werden wir nicht sofort erreichen können. Immerhin würde selbst ein Anstieg auf 55 Prozent eine Steigerung des absoluten Wertes bei der ersten Wahl um 22 Prozent bedeuten. Dies ließe ein Absatzwachstum von ca. 15 Prozent erwarten.

❓ *Welche Wachstumsstrategie verfolgen wir?*

☑ *Wir konzentrieren uns sowohl bei Privathaushalten als auch bei Unternehmen weiterhin auf die Penetrationsstrategie, da diese Zielgruppe immer noch die größte ist und mit den richtigen Argumenten relativ leicht zu überzeugen sein dürfte. Die Penetrationsstrategie ist damit unsere Primärstrategie und genießt absolute Priorität. Immerhin zeigt das MWB-Modell, dass wir auch bei denjenigen, die noch keinen Wasserspender verwenden, bereits eine gewisse Bekanntheit erreicht haben und gemeinsam mit anderen Marken wie Spenda und DurstKO in Frage kommen. Es gilt also zudem, bei dieser Zielgruppe Abschlüsse zu erzielen. Das passt auch zu unseren anderen beiden Fokusbarrieren Erste Wahl und Kauf.*

❓ *Wer ist unsere Zielgruppe?*

☑ *Da wir in erster Linie die Penetrationsstrategie verfolgen, besteht unsere Kernzielgruppe aus kleinen Unternehmen bzw. Privathaushalten, die das Konzept eines Wasserspenders sowie die gängigen Anbieter kennen, selber aber noch nicht auf Wasserspender umgestiegen sind. Bei den Privathaushalten setzen wir auf moderne, junge Paare und Familien, da diese eher bereit wären, ein neues Konzept auszuprobieren und zudem einen höheren Verbrauch an Trinkwasser haben – so genannte Heavy User. Bei den Unternehmen konzentrieren wir uns auf diejenigen, die häufig direkten Kundenkontakt haben, also Unternehmen mit Verkaufsstätten beispielsweise, aber auch Arztpraxen, Krankenhäuser oder Schulen. Diese Unternehmen nutzen unsere Wasserspender in erster Linie als Service für Ihre Kunden.*

4. Wachstumsbarrieren verstehen

– Ein Geheimnis des Erfolgs ist es, den Standpunkt des anderen zu verstehen –

(Henry Ford)

Nachdem man nun weiß, welche Barrieren die Fokus-Barrieren sind, gilt es als Nächstes, die Ursache dahinter zu verstehen. Dieser Teil des Modells wird auch Diagnostik genannt. Ähnlich wie ein Arzt ein schmerzendes Knie untersuchen und den Patienten befragen würde, untersucht man die Barriere und befragt in vielen Fällen auch die Zielgruppe.

4.1. Wie stellt der „Marken-Arzt" seine Diagnose?

Grundsätzlich gilt es, zwei Punkte zu verstehen: Warum bleibt ein Teil der Zielgruppe an einer bestimmten Barriere hängen? (Was sind die Barrieren-Treiber?) Und warum ist der andere Teil der Zielgruppe hingegen schon über die Barriere gesprungen? (Was sind die Business-Treiber?)

Ohne dieses Verständnis ist es unmöglich, die richtigen Argumente für die Überwindung der Barrieren zu entwickeln, sei es in Form von klassischer Kommunikation, Online-Werbung, Produktentwicklung, Verpackung oder POS-Marketing. Man kann seiner Zielgruppe noch so viele schöne Dinge „erzählen", wenn man ihre eigentlichen Bedenken bzw. den eigentlichen Grund ihrer Abneigung nicht adressiert, wird sie auch alles andere höchstwahrscheinlich nicht überzeugen.

> *Um die richtigen Argumente zum Einreißen einer Barriere – sei es in Form von klassischer Kommunikation, Online-Werbung, Produktentwicklung, Verpackung oder POS-Marketing – zu finden, muss man zwei Punkte verstehen:*
>
> 1. *__Barrieren-Treiber__: Welche Gedanken, Umstände oder Erfahrungen führen dazu, dass ein Teil der Zielgruppe an der Barriere „hängen" bleibt?*
>
> 2. *__Business-Treiber__: Was hat den Teil der Zielgruppe, der über eine Barriere gesprungen ist, zu diesem Sprung bewegt?*

Diese Vorgehensweise findet sich überall wieder, auch im Alltag. Stellen Sie sich vor, Sie möchten mit Ihrem Partner verreisen. Als Reiseziel schlagen Sie Spanien vor. Ihr Partner möchte jedoch nicht nach Spanien reisen. Wie überzeugen Sie ihn nun davon? Wenn Sie ihm erzählen, wie herrlich das Wetter sein wird und dass Sie den ganzen Tag in der Sonne liegen können, wird das Ihren Partner kaum überzeugen, wenn er die Hitze nicht gut verträgt. Sie können vom Meer und tollen Ausflügen mit dem Boot schwärmen, doch auch das wird nichts bewirken, wenn Ihr Partner schnell seekrank wird. Erst wenn Sie seine Ablehnungsgründe kennen – in diesem Fall seine Bedenken bezüglich der Sonne und des Meers – können Sie anfangen, erfolgreich zu argumentieren und ihn zu überzeugen. Ausflüge in die kühleren Berge oder ein Reisetermin, der nicht im Hochsommer liegt, sind sicherlich Aspekte, die seine Bedenken besser ausräumen. Vielleicht kennen Sie auch ein gutes Medikament gegen Seekrankheit. Wie auch immer die Argumente letztendlich ausfallen, sie werden erst wirken, wenn Sie die Grundbedenken adressieren.

> *Nur wer die Barrieren und die dahinter liegenden Gründe für die Barrieren detailliert versteht, hat die Möglichkeit, Barrieren gezielt auszuräumen!*

So simpel dieses Prinzip auch ist, so selten wird es angewendet. Die wenigsten Unternehmen verfügen über datenbasierte Erkenntnisse darüber, warum ihre Marke *nicht* oder *nicht häufiger* gekauft wird bzw. warum ein Teil der Zielgruppe an einer Barriere hängen bleibt. In den zahlreichen Studien zum Image der Marke, zur Kommunikation, zum POS etc. wird in der Regel nur danach geforscht, warum die eigene Marke gekauft wird. Wie wir eben gesehen haben, ist das jedoch nur die halbe Miete. Ohne das Verständnis für die Ablehnungsgründe wird man aus den vielen möglichen positiven Argumenten für die Marke nur mit viel Glück das Richtige auswählen, um auch die Nichtkäufer zukünftig zu überzeugen. Wenn man sich jedoch mit den richtigen Fragestellungen die Daten zum Verhalten der Zielgruppe, zum Markenimage, zur Kommunikation etc. nochmals ansieht, kann man sinnvolle Vermutungen über die Ursache einer Barriere ableiten.

> *Wichtige Fragen:*
> → *Warum kauft ein Teil der Zielgruppe die Marke nicht bzw. nicht häufiger?*
> → *Was sind die genauen Ablehnungsgründe der Nichtkäufer?*

Barrieren-Treiber – Warum bleibt ein Teil der Zielgruppe an einer Barriere hängen?

Dieser Diagnostik-Teil des Modells hat oft eine deprimierende Wirkung. Häufig erlebt man in Workshops oder bei Präsentationen zu Barrieren, wie die Gesichter lang und länger werden. Kein Wunder, es geht schließlich in erster Linie um das „Negative" einer Marke aus Sicht der potenziellen Kunden. Ganz wichtig hierbei ist es, sich und andere Mitstreiter immer daran zu erinnern, dass es die Sicht derjenigen ist, die bis heute noch nicht von der Marke überzeugt wurden bzw. an bestimmten Barrieren hängen geblieben sind. Nicht jeder denkt schlecht über die Marke – sonst gäbe es sie schließlich nicht mehr. Das darf man nicht vergessen, sonst verliert man am Ende selbst die Begeisterung für die eigene Marke.

Wo findet man also die Antwort auf die Frage nach den Ablehnungsgründen? Da die wenigsten bislang die „Nichtkäufer" direkt befragen, muss man sich zunächst mit Vermutungen zufrieden geben. Diese helfen jedoch, den Umfang möglicher Gründe zu konkretisieren und diese anschließend mit den Nichtkäufern direkt zu testen. Viele Vermutungen entdeckt man allein schon durch Vergleiche mit dem Wettbewerb.

Nachdem die Schmerztablette Aspirin Plus C jahrelang Umsatztreiber des gesamten Aspirin-Geschäfts von Bayer Healthcare gewesen war, litt die Vorzeigemarke vor einigen Jahren unter stagnierenden bzw. rückgängigen Absätzen. Wettbewerbsmarken wie Dolormin oder Ratiopharm Paracetamol sammelten hingegen fleißig Marktanteile. Eine umfangreiche Analyse der Markenwachstumsbarrieren ergab, dass Aspirin Plus C unter anderem an der Erste-Wahl-Barriere sein Wachstumspotenzial längst nicht ausgereizt hatte. Erfolgreichere Wettbewerber verstanden es besser, Ihre potenziellen Kunden über diese Barriere springen zu lassen. Natürlich kannten fast alle Aspirin Plus C. Viele hatten die Marke auch im Kopf, wenn sie auf der Suche nach einem Schmerzmittel in die Apotheke marschierten. Und doch fragten zu viele den Apotheker direkt nach einer Packung Dolormin oder Paracetamol Ratiopharm. Warum blieben also die Konsumenten an der Erste-Wahl-Barriere hängen? Es schien, dass Konsumenten die Effektivität von Aspirin Plus C als Schmerzmittel anzweifelten. Die damals aktuellen Markenstudien hatten unter anderem die Wirksamkeit von Aspirin Plus C und die der Wettbewerber beurteilen lassen. Die Befragten hatten Aspirin Plus C eine geringere Wirksamkeit als etwa Dolormin oder Paracetamol Ratiopharm zugeschrieben. Zunächst war diese Tatsache nur schwer zu verstehen, besonders aus Sicht der Schmerzmittel-Experten bei Bayer. Schließlich hatte Aspirin Plus C seine Wirksamkeit in unzähligen medizinischen Studien eindeutig bewiesen. Erste Hinweise auf eine Erklärung für die aus Zielgruppensicht geringere Wirksamkeit kamen aus den Daten zur Werbeerinnerung. Zwar genoss Aspirin Plus C eine enorm hohe Bekanntheit, doch waren die am häufigsten erinnerten Werbeelemente die sich auflösende Brausetablette und der Zusatz von Vitamin C. Informationen zu einer besonders guten Wirksamkeit hingegen wurden weniger stark erinnert.

Qualitative Studien zeigten zudem, dass Konsumenten deshalb dem Produkt die Wirksamkeit nicht zutrauten, weil die Brausetablette in Wasser aufgelöst, also quasi „verdünnt" wird. Ein auf diese Weise verdünntes Schmerzmittel konnte ja nicht so wirksam sein wie andere, klassische Tabletten, die vielleicht sogar noch eine Art Wirksamkeitskatalysator besäßen wie Dolormin. Damit war das „Markenzeichen" von Aspirin Plus C – die sprudelnde Brausetablette – gleichzeitig eine der wichtigsten Ursachen für die wahrgenommene geringere Wirksamkeit und damit für die Erste-Wahl-Barriere.

Andere Daten belegten, was einem bereits der gesunde Menschenverstand sagt: dass gerade die Wirksamkeit das Auswahlkriterium Nr. 1 bei Schmerzmitteln ist. Natürlich war den Konsumenten auch sehr wichtig, dass ein Schmerzmittel schonend zum Körper ist und außerdem schnell anfängt zu wirken. Doch all das ist verständlicherweise hinfällig, wenn das Mittel nicht wirksam genug ist. Zusammen mit den Erkenntnissen zur Problematik der Brausetablette hatte Aspirin Plus C nun den Punkt gefunden, an dem der Hebel angesetzt werden musste. Es galt, die Konsumenten davon zu überzeugen, dass die sprudelnde Brausetablette ein entscheidender Vorteil der Marke ist, anstatt ein Nachteil zu sein. Wie genau dieser Hebel aussah, wird im nächsten Kapitel beschrieben.

Es geht bei der Diagnostik also darum, bereits vorhandene Daten durchzusehen, allerdings mit einem klaren Fokus. Dank der Fokusbarrieren weiß man, wonach man sucht – etwa nach einer Erklärung dafür, dass eine Marke zwar in Erwägung gezogen wird, letztendlich aber doch gegen andere Marken verliert.

> *Bei den Barrieren-Treibern geht es in erster Linie um das „Negative" einer Marke aus Sicht der Nichtverwender bzw. der Seltenverwender. Ist diese Information nicht über Primärstudien verfügbar, genügen zunächst auch qualifizierbare Vermutungen basierend auf Wettbewerbsvergleichen.*

Business-Treiber – Warum sind andere schon über die Barriere gesprungen?

Ein weiterer Hinweis darauf, warum manche an einer Barriere hängen bleiben, findet sich auch in den Gründen, aus denen andere mühelos über die Barriere springen. Dieser Teil der Zielgruppe hat etwas Bestimmtes verstanden, geglaubt, gewusst oder auch nur unterbewusst gespürt, das ihn dazu bewegt hat, sich für diese Marke zu entscheiden. Entsprechend haben die Nichtkäufer wahrscheinlich genau dieses *nicht* verstanden, geglaubt, gewusst oder gespürt. Warum das so ist, ist die spannende Frage. Auch diese Informationen kann man in quantitativen Studien wie Image-Studien, Werbetrackings oder Abverkaufszahlen und vertieft in qualitativen Studien wie Fokusgruppendiskussionen oder (tiefenpsychologischen) Einzelinterviews finden.

Ein international bekannter Hersteller von Elektrowerkzeug ging bei einer MWB-Analyse beispielsweise wie folgt vor: Er stellte sich die Frage, warum Handwerker die für sie gedachten Bohrmaschinen, Kreissägen und Winkelschleifer unseres Herstellers nicht kauften, obwohl sie für sie zunächst neben anderen Marken in Frage kamen. Die Handwerker hingen an der Erste-Wahl-Barriere fest.

Eine quantitative Studie, die bereits zum Thema Markenwachstumsbarrieren existierte, zeigte, dass die Handwerker, die am Ende doch die Elektrowerkzeuge unseres Herstellers kauften, verschiedene positive Eigenschaften in der Marke sahen – ihre Kollegen, die an der Barriere hängen blieben, sahen diese Eigenschaften jedoch weniger deutlich. Zu diesen positiven Eigenschaften zählten unter anderem „Top-Qualität für Profis" und „Top-Service". Die Nichtkäufer stuften in der Tat andere Marken „professioneller" ein – zumal es von den anderen Marken keine zweite Linie für den Heimwerker gab. Von unserem Hersteller hingegen gab es noch eine zweite Linie mit Produkten für den Heimwerker, wodurch die Marke aus Sicht der Nichtkäufer nicht ausreichend auf den Profi-Bereich spezialisiert war. Auch wurden die Produkte einiger anderer Marken wie etwa Makita als besser geeignet für „harte Jobs" gesehen. Die gezielte Suche nach Barrieren-Ursachen hatte sich gelohnt. Diese Erkenntnisse waren der erste wichtige Schritt, um zukünftig Handwerker noch besser von sich überzeugen zu können. Des Weiteren wurde der Service bei Wettbewerbsmarken anders erlebt. Gerade in kritischen Situationen, in denen etwa schnellstmöglich ein Ersatzgerät beschafft werden musste, schienen andere Marken schneller und unkomplizierter reagieren zu können. Dabei war vielen Handwerkern gar nicht bewusst, wie umfangreich das Serviceangebot unseres Herstellers wirklich war – es galt also, die falsche Wahrnehmung bezüglich Professionalität der Produkte sowie des Services zu beheben.

> *Bei den Business-Treibern geht es um das Verständnis dafür, was genau diejenigen, die über die Barriere gesprungen sind, in der Marke gesehen haben, und die Nichtverwender eben noch nicht sehen – vor allem: warum. Diese Information ist in den meisten klassischen Markenstudien vorhanden.*

Für jede Barriere gibt es eine Reihe klassischer Fragestellungen, die einem helfen, in vorhandenem Datenmaterial gezielt nach den Ursachen des Problems zu suchen. Die wichtigsten klassischen Fragestellungen werden im Folgenden aufgeführt.

4.2. Bekanntheitsbarriere oder: Marke X, noch nie gehört

Die Erklärung für eine Bekanntheitsbarriere wirkt auf den ersten Blick oft recht simpel: Ist die Bekanntheit der Wettbewerber höher, so ist wohl deren Werbebudget größer. Will man also diese Barriere einreißen, meint man, ein ähnlich hohes Budget zu benötigen. Doch natürlich ist dies in der Theorie zu einfach und in der Praxis zu schwierig.

Doch auch wenn am Werbebudget selbst nicht viel geändert werden kann, lohnt sich ein genauerer Blick auf die Bekanntheitsbarriere. Denn vermutlich gibt es mindestens einen Wettbewerber, der – bei ähnlich langer Markenhistorie – ein besseres Verhältnis von Bekanntheit zu Werbebudget vorweisen kann als man selbst.

Was kann man also an dieser Barriere unabhängig vom Budget besser machen? Welche Hebel nutzt der Wettbewerber? In vielen Fällen hilft schon eine Überprüfung der eigenen Marke zu den Themen Branding und Mediaplan. Die nachfolgenden Überlegungen mögen dem erfahrenen Markenverantwortlichen vielleicht banal erscheinen, und doch kommt es häufiger vor, als man denkt, dass selbst erfahrenen Markenführungsteams Probleme beim Branding oder Mediaplan nicht auffallen – vielleicht eben weil die Themen so simpel erscheinen.

> *Um die Ursachen für die Bekanntheitsbarriere zu verstehen, lohnt sich unabhängig vom Budget immer ein Blick auf das Branding und auf den Mediaplan.*

Branding – Hinterlässt man immer sein „Zorro-Z"?

Nahezu jede Marke hat ihr eigenes Branding, so wie Zorro damals sein berühmtes „Z". Für eine Wachstum fördernde Wirkung sind dabei einprägsame Aufmachung und permanentes Branding unerlässlich – für die meisten selbstverständlich, doch nicht immer Realität. Zur Überprüfung des Brandings gibt es einige einfache Fragestellungen – so einfach, dass man sie sich viel zu selten stellt. Oder wann haben Sie sich das letzte Mal gefragt: Ist unsere Marke einprägsam und aufmerksamkeitsstark? Kann man sich den Markennamen, das Logo sowie einen Slogan gut merken? Wie sehr unterscheiden sich der Markenname und das Logo von denen des Wettbewerbs oder angrenzender Branchen? Und vor allem: Wie sehr wird in jeglicher Kommunikation der Markenname/das Logo hervorgehoben? Diese Fragen sollte man sich im Übrigen ebenfalls für einzelne Produkte oder Produktlinien stellen.

Wie oft ist es Ihnen passiert, dass Sie sich an Kommunikation erinnern – egal ob TV, Print, Radio, Internet etc. – weil sie besonders witzig, dramatisch, schön oder überraschend war? Wahrscheinlich recht häufig. Und wie oft wussten Sie auch noch, von welcher Marke die Rede war? Sicher nicht immer.

Überprüfen Sie Ihre Kommunikation genau – es passiert schneller, als man denkt, dass vor lauter Kreativität das Branding verloren gegangen ist. Lassen Sie einfach mal sämtliche Kommunikation der letzten fünf Jahre Ihrer Marke zusammenstellen und antworten Sie ehrlich auf diese Fragen: Wie einheitlich ist der Markenauftritt wirklich gewesen? Wurden Logo und Slogan über einen längeren Zeitraum beibehalten? Wie deutlich ist der Absender hervorgehoben? Könnte man eine Ihrer Anzeigen Ihrer Marke zuordnen, selbst wenn Markenname und Logo gelöscht würden? Oder muss sich die Zielgruppe bei jeder neuen Anzeige an ein neues Layout und Design gewöhnen?

Eine Marke, die es immer wieder schafft, ihren eigenen Stil und damit einen etablierten Markenauftritt beizubehalten, ist NIVEA. Teilweise erahnt man bei einem neuen TV-Spot bereits, dass der Absender NIVEA ist, noch bevor das Produkt gezeigt bzw. erwähnt wird. Ein weiterer Klassiker ist Marlboro. Bei dieser Marke funktioniert, was bei den meisten Marken ein großer Fehler ist: Markenname, Produkt oder Logo erscheinen erst in den allerletzten Sekunden eines Spots – wenn überhaupt. Warum ist das so? Weil die verwendeten Bilder und die Musik seit vielen Jahren ähnliche, sehr charakteristische Merkmale haben, sodass sie eindeutig für die Marke Marlboro stehen.

> *Wichtige Fragen:*
> → *Ist die eigene Marke einprägsam und aufmerksamkeitsstark?*
> → *Kann man sich Markennamen, Logo und Slogan gut merken?*
> → *Wie sehr unterscheiden sich der Markenname und das Logo von denen des Wettbewerbs oder angrenzender Branchen?*
> → *Wie dominant sind Markenname und Logo in der Kommunikation?*
> → *Wie einheitlich ist die Kommunikation in den letzten fünf Jahren gewesen?*
> → *Könnte man eine Anzeige der Marke zuordnen, selbst wenn Markenname und Logo gelöscht würden?*

Mediaplan – Jeder Schuss ein Treffer?

Auch der Mediaplan ist etwas, das, ähnlich wie das Branding, zu selten in Frage gestellt bzw. überprüft wird – vielleicht, weil in den meisten Fällen sowieso eine Mediaagentur als Experte zuständig ist. Trotzdem kein Grund, nicht selber mal das eine oder andere zu hinterfragen und alternative Optionen mit der Agentur zu besprechen. Schließlich hat niemand die Weisheit mit Löffeln gegessen, sodass es in jedem Fall erlaubt und vor allem besser ist, einmal mehr zu hinterfragen, statt zu spät zu erkennen, dass die gewählte Mediastrategie doch nicht die beste war.

Der Reiseveranstalter DERTOUR kämpfte vor einigen Jahren mit einer niedrigen Bekanntheit. Große Wettbewerber wie TUI oder Neckermann verfügten über ein deutlich größeres Werbebudget, doch es waren andere „kleine" Wettbewerber wie ADAC Reisen oder Meier's Weltreisen, die beeindruckten, da sie trotz ähnlich geringem Budget wie DERTOUR eine vergleichsweise hohe Markenbekanntheit erreichten. Dies war Grund genug, die Mediastrategie von DERTOUR einmal in Frage zu stellen und genauer zu überprüfen.

DERTOUR hatte sein Budget zum Zeitpunkt der Analyse auf verschiedene Profitcenter verteilt, wodurch eine starke Gesamtwirkung der Werbeausgaben nicht zu erzielen war. In der Medienauswahl setzte man hauptsächlich auf Zeitungen und zusätzlich noch auf Hörfunk, Publikums- und Fachzeitschriften. Durch diese breitere Streuung konnte allerdings vor allem bei den Zeitschriften zu wenig investiert werden, um eine signifikante Wirkung zu erzielen. Zudem war das Hauptmedium von DERTOUR – die Zeitungen – bereits durch sämtliche Wettbewerber besetzt und vor allem durch TUI so stark dominiert, dass DERTOUR weniger Chancen hatte, „gesehen" zu werden.

Klingen diese Erkenntnisse banal? Natürlich, und trotzdem wurde der Mediaplan nicht schon früher in Frage gestellt. Warum? Vielleicht weil es nicht Gang und Gäbe ist, dies zu tun. Vielleicht, weil es scheinbar interessantere Baustellen gibt. Und vielleicht, weil die gängigen Kennzahlen wie Bruttoreichweiten und Kontaktklassen eigentlich recht gut aussahen. Doch gilt es eben nicht nur, gute Kennzahlen im Plan stehen zu haben. Es gilt, die bestehende Barriere, im Fall von DERTOUR neben der Markenklarheitsbarriere auch die Bekanntheitsbarriere, einzureißen – mit den richtigen Kanälen und dem richtigen Druck. Um die Markenbekanntheitsbarriere von DERTOUR zu überwinden, musste dem Mediaplan also ein neuer Fokus gegeben werden. Es galt, Kanäle auszuwählen, die bislang noch nicht vom Wettbewerb dominiert waren und die vor allem am besten geeignet waren, die Bekanntheitsbarriere einzureißen.

Unabhängig davon, ob man sein gesamtes Budget auf einen Kanal fokussiert oder auf mehrere verteilt, gilt es also vor allem eines zu überprüfen: Inwieweit sind die genutzten Kanäle überhaupt die besten, um die Bekanntheitsbarriere einzureißen? Denn allein darum sollte es auch in der Mediaplanung gehen – um das Einreißen von Barrieren. Die frühere Aufteilung in Above-the-Line und Below-the-Line dient keinem konkreten Zweck. Die Aufteilung nach Fokusbarrieren hingegen schon, denn nur so kann garantiert werden, dass ausschließlich solche Medien genutzt werden, die auch das gezielte Wachstum der Marke unterstützen. Hierzu wird die Marken-Kontaktstärke eines Kanals überprüft. Sie berücksichtigt zwei wesentliche Punkte:

1. Das Barrierenüberwindungspotenzial eines Kanals

Diese Bewertung setzt sich wiederum aus drei Aspekten zusammen:

▪ Intensität des Kontakts mit der Zielgruppe

Hier geht es um klassische Kennzahlen wie Bruttoreichweiten, Nettoreichweiten und Kontaktklassen. Diesen Teil überprüft in der Regel die Mediaagentur.

▪ Attraktivität für die Zielgruppe

Hier geht es zum einen um die Affinität der Zielgruppe zum Kanal an sich. Zum anderen geht es auch um die thematische Beziehung zur Situation. Eine heiße Schokolade wird an einer windigen Bushaltestelle sicherlich erfolgreicher beworben werden als auf dem Trikot einer Fußball-Mannschaft.

▪ Informationsgehalt

Hier gilt es zu überprüfen, wie gut ein Kanal die Botschaft transportieren kann, die man zum Einreißen der Bekanntheitsbarriere vermitteln muss. Mit einem Sampling, bei dem sogar das eigentliche Produkterlebnis über sämtliche Sinne möglich ist, kann man andere Botschaften transportieren als mit einem Radiospot, der sich ausschließlich mit der Vorstellungskraft des Zuhörers begnügen muss. Die Überprüfung des Barrierenüberwindungspotenzials eines Kanals kann im Übrigen bei allen Barrieren angewendet werden, nicht nur bei der Bekanntheitsbarriere.

2. Die Kosteneffizienz des Kanals

Hier werden die investierten Euro in Cost Per Thousand (Tausenderkontaktpreis) oder in Cost per Net Reach Point (Kosten pro Nettoreichweiten-Punkt) verglichen. Die notwendigen Angaben hierzu können von der Mediaagentur angefordert werden.

Eine Darstellung des Barrierenüberwindungspotenzials und der Kosten in einem Koordinatensystem zeigt schnell die Marken-Kontaktstärke sämtlicher Kanäle (siehe Abb. 9).

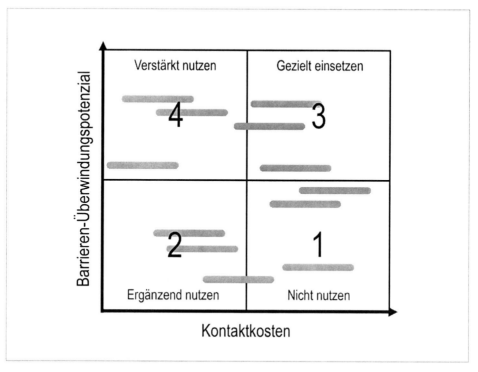

Abbildung 9: Marken-Kontaktstärke

Sinnvollerweise trägt man in dieses Modell nicht nur die aktuell genutzten Kanäle ein. Mit dem Eintrag der bislang ungenutzten, aber dennoch interessanten Kanäle, die sich möglicherweise besser eignen, bestimmte Barrieren – in diesem Fall die Bekanntheitsbarriere – zu überwinden, erreicht man eine Vergleichbarkeit und somit eine bessere Bewertung.

In der Mediaplanung sollte es vor allem um eine Frage gehen: Inwieweit sind die genutzten Kanäle die besten, um eine bestimmte Barriere – etwa die Bekanntheitsbarriere – einzureißen? Diese Frage darf nicht nur, sie muss auch der Mediaagentur gestellt werden.

4.3. Markenklarheitsbarriere oder: Was bin ich?

Die Markenklarheitsbarriere ist eine sehr interessante Barriere, weil sie oft zunächst überhaupt nicht auf der Tagesordnung steht. Viele Unternehmen vermuten vielleicht schon, dass sie ein Problem mit ihrer Bekanntheit haben, oder damit, erste Wahl zu werden. Doch inwieweit die Zielgruppe ein klares Bild der Marke hat, das wissen die wenigsten und sehen diesen Punkt zunächst nicht als Problem. Das Vorhandensein eines klaren Markenbildes – also einer klaren Vorstellung davon, wofür die Marke steht – ist jedoch der Kerntreiber für Kaufabsicht bzw. Kauf. Nur wenn sich in den Köpfen der Zielgruppe eine genaue Vorstellung von der Marke manifestiert hat, kann der- oder diejenige die Marke überhaupt für die Kaufentscheidung in Erwägung ziehen. Nur dann kann er die Vorteile gegenüber dem Wettbewerb erkennen und sich schließlich für die Marke entscheiden.

Die enorme Hebelwirkung eines klaren Markenbildes wird über verschiedenste Branchen durch einen simplen Vergleich belegt: die absoluten Werte für Kaufabsicht bzw. Kauf bei Personen, die wissen, wofür eine Marke steht gegenüber den entsprechenden Werten bei Personen, die nicht wissen, wofür eine Marke steht. Die Differenz ist beeindruckend. So ist beispielsweise bei Unterhaltungselektronik die Wahl für eine bestimmte Marke 85 Mal wahrscheinlicher, wenn die Zielgruppe ein klares Bild der Marke hat. Die Abschlussquote für einen Investmentfonds bei bestehender Markenklarheit ist im Durchschnitt sogar 142 Mal höher als bei fehlender Markenklarheit. Diese Zahlen belegen eindrucksvoll, dass für den Kauf die Markenklarheit eine notwendige (wenn auch nicht hinreichende) Bedingung darstellt.

> *Das Vorhandensein eines klaren Markenbildes ist der Kerntreiber für Kaufabsicht bzw. Kauf. Nur mit einem klaren Markenbild kann sich die Zielgruppe überhaupt für eine Marke entscheiden.*

Eine Voraussetzung für ein starkes Markenbild ist eine überzeugende Markenpositionierung mit einem klaren Markenfokus Diese zu entwickeln und sich in der Kommunikation auch strikt daran zu halten, ist jedoch alles andere als einfach. Auch hier geht es wieder darum, sich Grenzen zu setzen und Entscheidungen zu treffen. Das bedeutet, dass man gewisse Optionen bewusst nicht verfolgt, und das fällt immer wieder schwer.

Nehmen wir die Marke NIVEA. Diese Marke stand schon immer für „milde Pflege" in allem, was sie tat. Einen solch eindeutigen Markenfokus über eine so lange Zeit beizubehalten ist eine Meisterleistung, vor allem wenn man bedenkt, wie sehr die Marke in den letzten Jahrzehnten ausgebaut wurde. Mittlerweile gibt es unter der Dachmarke NIVEA 14 Submarken in verschiedenen Kategorien – von der Gesichtspflege über die Haarpflege bis hin zu Deodorants.

Für manche Submarken ist es sicherlich leichter, sich an diesen Markenfokus der „milden Pflege" zu halten – etwa für NIVEA Bath Care. Bei Duschgels und Badezusätzen spielt die „milde Pflege" eine große Rolle und man kann mit dem Zarten, Sanften und Sinnlichen in der Kommunikation gut spielen. Für andere Submarken ist es vermutlich schon schwieriger – etwa für NIVEA Beauté. Bei Make-up, Puder, Lippenstift und Wimperntusche spielt die „milde Pflege" zwar immer noch eine gewisse Rolle, doch dominieren zunächst andere Faktoren wie etwa perfekte Abdeckung bei Make-up, mehr Volumen bei Wimperntusche oder die neuen Sommer-Farben bei Lippenstift.

Die NIVEA-Submarken müssen sich immer wieder der Herausforderung stellen, Wege zu finden, sich über den Markenfokus „milde Pflege" im stark umkämpften Kosmetik-Markt zu differenzieren und zu behaupten. Das heißt, dass gewisse Botschaften tabu sind. Wirbt ein Wettbewerber damit, dass sein Produkt die Gesichtshaut in wenigen Minuten von Falten befreit, weil es die Haut geschickt (aber künstlich) „aufpumpt", so mag das für Frau verlockend klingen. Für NIVEA aber ist es ein Weg, der schwer mit dem Konzept der „milden Pflege" zu vereinen ist und somit kaum verfolgt werden dürfte.

Hinter der „milden Pflege" von NIVEA stecken übrigens deutlich mehr als nur diese zwei Schlagworte. Denn Schlagworte allein reichen in der Regel nicht mehr aus, um sich ausreichend, dauerhaft und glaubwürdig zu differenzieren. Positionierungsmodelle, die den Markt entlang zweier Achsen aufteilen, werden der vielschichtigen Realität im Markt nicht mehr gerecht. Einen rationalen Nutzen zu besetzen, wie es zum Beispiel Pampers vor Jahren mit dem Thema Trockenheit getan hat, um damit Marktführer zu werden, reicht heute in den meisten übersättigten Kategorien nicht mehr aus. Man benötigt neben dem Nutzenversprechen eine weitere Dimension der Differenzierung – etwas, womit man sein rationales Nutzenversprechen unterstreichen kann und es sowohl unverwechselbar als auch begehrenswert macht. Viele Marketingdienstleister und auch Markenverantwortliche glauben, dass der oft beschworene emotionale Nutzen das gewünschte Heil bringt. Doch auch hier liegen sie in der Regel falsch. Während Emotionalität den Nutzen begehrenswerter und die Marke sympathischer machen kann, fehlt der Zielgruppe dann immer noch der eingängige Grund, warum sich die Zielgruppe für diese Marke entscheiden soll. Denn wenn sie glaubt, dass ihre momentan verwendete Marke den rationalen Nutzen genau so gut erfüllen kann wie die emotionalisierte Marke, dann liegt die Schlussfolgerung nicht fern, dass sie den emotionaleren Nutzen meistens genauso gut erfüllt oder dieser keine ausreichende Bedeutung erlangt.

Sicherlich ist dieses ein sehr polarisierendes Thema. Viele schwören auf den emotionalen Endbenefit, der per se auch nicht falsch ist. Doch wenn die Marke nicht mit einem rationalen Kaufgrund „geerdet" wird, hat auch der emotionale Nutzen kein Gewicht. Nicht anders ist es zu erklären, dass in den über 100 Konzept- und Werbemitteltests, die wir begleiten durften, die rein emotionalen Positionierungen immer deutlich schlechter abschnitten als die eher rationalen. Die Ansage ist damit klar: Man sollte sich nicht länger mit Aussagen abspeisen lassen wie „wir müssen die Marke emotional aufladen" oder „die langfristige Differenzierung der Marke geht nur über Emotionalität". Eine langfristig erfolgreiche Positionierung geht nur über einen von der Zielgruppe nachvollziehbaren, glaubwürdigen und vor allem wahrgenommenen Markenvorteil. Denn der Mensch und damit die Zielgruppe ist ein Nutzenmaximierer. Überprüfen Sie also Ihre Markenpositionierung. Ist sie klar und eindeutig? Gibt es mit der Zielgruppe qualifizierte Gründe, die Ihrer Positionierung mehr Glaubwürdigkeit verleihen als andere Marken sie haben?

Überprüfen Sie auch, inwieweit sich Ihr gesamter Markenauftritt inklusive Kommunikation, Verpackung, POS-Material, selbst ihre Hotline etc. an die Markenpositionierung hält. Nicht selten verstehen Unternehmen zunächst nicht, warum der Zielgruppe nicht klar ist, wofür die Marke steht. Die Markenpositionierung wird aus der Schublade geholt und hoch gehalten – dort steht es Schwarz auf Weiß, wofür die Marke steht. Jedem in der Markenführung ist das klar. Doch das heißt noch lange nicht, dass auch die Zielgruppe schon ausreichend darüber informiert wurde. Sie verfügt nicht über das umfangreiche Hintergrundwissen zu einer Marke, sondern ist gänzlich abhängig von dem, was ihr die Werbung, die Verpackung und sonstige Aktionen vermitteln.

> ***Wichtige Fragen:***
> → *Ist die Positionierung fokussiert und eindeutig?*
> → *Gibt es mit der Zielgruppe qualifizierte (rationale) Gründe, welche die Positionierung begehrenswerter, glaubwürdiger und unverwechselbar machen?*
> → *Kommt sie in allen Bereichen – Kommunikation, Packaging, Point-of-Sale, Hotline etc. zum Tragen?*

Was immer die Ursache für eine Markenklarheitsbarriere ist, die Barriere muss unbedingt überwunden werden. Denn wenn man nicht weiß, wofür etwas steht, kann man sich als potenzieller Käufer nicht entscheiden – weder dagegen, aber vor allem auch nicht dafür. Achtung! Hierbei ist es zunächst unwichtig, ob das Bild, das die Zielgruppe von einer Marke hat, „richtig" oder „falsch" ist. Dies spielt erst bei der nächsten Barriere, der Relevanzbarriere, eine Rolle. Es geht bei der Markenklarheitsbarriere wirklich nur um die Frage, ob die Zielgruppe überhaupt ein klares Bild hat, das ihr bei ihrer Kaufentscheidung hilft.

4.4. Relevanzbarriere oder: In der Qualifikationsrunde rausgeflogen?

Die Relevanzbarriere ist eine der einfacheren Barrieren. Um überhaupt als Marke in Frage zu kommen, müssen zwei Punkte gegeben sein:

1. Es gilt, eine Markenpositionierung zu besitzen, die von der Zielgruppe akzeptiert wird.
2. Es gilt, die wichtigsten Kriterien einer Kategorie zu erfüllen, und zwar mindestens so gut wie der Wettbewerb.

Zur Markenpositionierung

In der Vor-Barriere, der Markenklarheitsbarriere, ging es darum, überhaupt einen klaren Fokus in seiner Positionierung zu haben und diesen auch erfolgreich zu kommunizieren.

An der Relevanzbarriere geht es außerdem noch darum, dass der Zielgruppe das Bild gefällt, das sie von der Marke hat. Vor allem, wenn die Zielgruppe/Ihr potenzieller Kunde die Marke vor anderen nicht „verstecken" kann, wie etwa bei Armbanduhren, Autos oder Mobiltelefonen. Extremere Positionierungen, die stark polarisieren, sind bei kleineren, speziellen Zielgruppen eine valide Option. Man denke an Red Bull oder Bluna. Eine breite Zielgruppe hingegen erfordert eine entsprechend breitere Positionierung – wobei „breit" hier gleichzusetzen ist mit „allgemein beliebt" und nicht mit der „Eier legenden Wollmilchsau". Denn wählt man diese, dann hängt man sehr schnell wieder an der Vor-Barriere, der Markenklarheitsbarriere, fest.

Außerdem darf man nicht vergessen, dass die angestrebte Markenpositionierung und das Markenbild der Zielgruppe nicht immer übereinstimmen müssen. Nur weil Teile Ihrer Zielgruppe Ihre Marke scheinbar nicht mögen oder ein anderes Bild von ihr haben als das Bild, das Sie vermitteln wollen, heißt das nicht gleich, dass Ihre Markenpositionierung falsch ist. Überprüfen Sie wieder Ihre Kommunikation – vielleicht vermittelt die aktuelle Werbebotschaft ein ganz anderes Bild Ihrer Marke, als Sie ursprünglich geplant hatten?

Und übrigens: Wichtiger noch als die Frage, ob Ihre Marke der Zielgruppe sympathisch ist, ist die Frage, ob Ihre Marke für die Zielgruppe relevant ist. Oder würden Sie jedem Handwerker, den Sie sympathisch finden, auch gleich einen Auftrag geben? Das Thema Sympathie wird – ähnlich wie das Thema Emotionalität – deutlich überschätzt. Relevanz ist das kaufentscheidende Kriterium, das Ihre Marke erfüllen muss.

Zu den Kategoriekriterien

In jeder Kategorie gibt es Basiskriterien, die ein Produkt/eine Dienstleistung erfüllen muss, um überhaupt in Betracht gezogen zu werden. Bei einem Erfrischungsgetränk für Kinder wären das beispielsweise die Kriterien „durstlöschend" und „lecker". Werden diese beiden Basiskriterien nicht erfüllt, kann das Getränk noch so spannende Zusatzkriterien erfüllen, wie etwa „mit Kohlensäure" oder „ohne Zucker" – gekauft bzw. getrunken wird es höchstwahrscheinlich nicht. Das Segment der Erfrischungsgetränke für Kinder ist im Übrigen eine doppelte Herausforderung, denn es gilt, gleich zwei Zielgruppen – die Eltern (in der Regel die Mütter) und die Kinder – zu begeistern. Und wie sich jeder denken kann, decken sich die Interessen dieser beiden Zielgruppen nicht in allen Fällen. So hat das Kriterium „gesund" für Eltern eine deutlich größere Bedeutung als für Kinder.

Es gilt also, die wichtigsten Basiskriterien seiner Kategorie zu kennen. Die meisten Unternehmen verfügen über eine auf Marktforschung basierende Liste solcher Kriterien. Diese Kriterien sollten die Marke bzw. ihre Produkte erfüllen, und zwar nicht nur aus Sicht der Produktentwickler, sondern vor allem aus Sicht der Zielgruppe. Sie ist diejenige, die am Ende entscheidet, ob die Kriterien erfüllt sind oder nicht. Es ist demnach essenziell, dass auch die Erfüllung der Kategoriekriterien kommuniziert wird, wenn auch meist indirekt. Die Produktanmutung und -wahrnehmung muss beispielsweise so gestaltet sein, dass die Zielgruppe davon ausgehen kann, dass diese Kriterien erfüllt sind.

Hierbei darf auch nicht vergessen werden, wie die Zielgruppe das Produkt/die Dienstleistung erlebt, vor allem, wenn sie die Kriterien direkt am Point-of-Sale schon überprüfen kann. Wenn alles auf der Verpackung eines Deodorants darauf hindeutet, dass es nach „frischen Bergblüten" riecht und man beim Sprühen am Regal von einem schweren Rosenduft erschlagen wird, dann ist eines der Basiskriterien bei Deodorants – angenehmer Duft – nicht erfüllt. Sollte ein Basiskriterium aus der Sicht der Zielgruppe bisher nicht erfüllt sein, so wäre das ein Ausschlusskriterium, dessen (Über-)Erfüllung offensiv kommuniziert werden muss, um nicht von vornherein aus dem Rennen auszuscheiden.

Ansonsten konzentriert man sich in der Kommunikation auf die Markenpositionierung. Eine Ausnahme besteht allerdings dann, wenn die Marke direkt auf einem Kategoriekriterium positioniert ist. Dies kann Sinn machen, auch wenn es hierzu immer wieder Diskussionen gibt. So kam es z.B. bei einer Toilettenpapiermarke zu der Frage, ob eine führende Marke überhaupt das Thema Weichheit und Reißfestigkeit besetzen sollte. Schließlich würden das alle Marken, selbst die Handelsmarken, von sich behaupten. Stattdessen überlegte man, auf eine schärfere Positionierung in Richtung Design oder Familie zu setzen. Vor einer solchen „Flucht aus der Mitte" des Marktes kann man nur warnen. Sicherlich kann man schwarzes Toilettenpapier als Designmarke erfolgreich als Nischenprodukt anbieten, aber nur eine Minderheit der Zielgruppe misst diesem Kriterium nachgewiesenermaßen eine solche Bedeutung bei, dass sie bereit wäre, dafür ein Preispremium zu zahlen. Die Mehrheit will den Kategorienutzen, und sie will ihn so gut es geht. Das bedeutet: Selbstverständlich kann man eine Marke erfolgreich auf einem Kategorienutzen positionieren. Sie muss in der Wahrnehmung der Zielgruppe diesen Nutzen nur deutlich besser erbringen als die Wettbewerbsprodukte. Und dieser Vorteil muss zudem so relevant sein, dass man bereit ist, einen deutlich höheren Preis dafür zu zahlen!

> **Wichtige Fragen:**
> → Nimmt die Zielgruppe die Marke wahr, wie es die Positionierung beabsichtigt?
> → Wird die Markenpositionierung von der Zielgruppe akzeptiert? Ist sie für die Zielgruppe von höchster Relevanz?
> → Erfüllen die Marke bzw. ihre Produkte aus Sicht der Zielgruppe die wichtigsten Kriterien der Kategorie (Basiskriterien) – und zwar mindestens so gut wie der Wettbewerb?
> → Falls eine Marke auf einem Basiskriterium positioniert ist: Gelingt es ihr, diesen Nutzen deutlich besser zu verkaufen?

4.5. Erste-Wahl-Barriere oder: Schon wieder keine Pole-Position?

An der Erste-Wahl-Barriere wird es richtig spannend. Denn nun gilt es nicht nur, die Basiskriterien einer Kategorie zu erfüllen und darin mindestens genauso gut zu sein wie der Wettbewerb. Nun kommt es darauf an, in mindestens einem der Kriterien deutlich besser zu sein als der Wettbewerb oder sich über weitere Zusatzkriterien klar zu differenzieren.

Wie sieht es also mit Ihrer eigenen Marke aus? Mit welchen Argumenten versuchen Sie, sich vom Wettbewerb zu differenzieren? Hilfreich bei dieser Barriere sind klassische Studien zum Image oder zur Leistung einer Marke. Hier kann man sich zunächst sehr gut mit dem Wettbewerb vergleichen und herausfinden, über welche Kriterien man sich wirklich differenziert. Stellt man dann fest, dass man sich aus Sicht der Zielgruppe über kein einziges Kriterium differenziert, so ist die Aufgabenstellung einfach: mindestens ein relevantes Kriterium finden, über das man sich in Zukunft differenzieren könnte.

Es kommt aber auch vor, dass man sich zwar laut Studien über eines oder mehrer Kriterien vom Wettbewerb unterscheidet, aber trotzdem noch nicht die erste Wahl der Zielgruppe ist. Warum bringt also das besondere Kriterium, das einzigartige Versprechen, die Zielgruppe nicht dazu, über die Erste-Wahl-Barriere zu springen und Ihre Marke für sich zur ersten Wahl zu machen?

Der Teil der Zielgruppe, der an der Erste-Wahl-Barriere hängen bleibt, wird in 90 Prozent der Fälle eine von drei Ablehnungsgründen haben:

- Ich brauche den angepriesenen Nutzen nicht. Denn ...!
- Ich habe den Nutzen schon. Und zusätzlich bekomme ich von meiner Marke ...!
- Ich glaube nicht, dass die Marke den Nutzen tatsächlich bietet. Denn ...!

Nur wenn man weiß, welcher dieser Ablehnungsgründe der ausschlaggebende ist und was dahinter steckt, kann man überzeugende Argumente finden, um die Einstellung der Ablehner zu ändern.

Nehmen wir als Beispiel einen Haushaltsreiniger der Marke Sagrotan. Sagrotan zählt zu den beliebtesten Marken Deutschlands und steht für hygienische Sauberkeit. Zu den klassischen Produkten von Sagrotan zählen Anti-Schimmel Küchenreiniger, WC-Reinigungstücher oder Hygienespray für unterwegs. Doch wie überzeugt man als Sagrotan seine Zielgruppe von einem neuen Sagrotan Haushaltsreiniger und kurbelt damit dessen Absatz deutlich an? Mit einer starken Dachmarke wie Sagrotan ist bei Bekanntheit, Markenklarheit und Relevanz meist alles in bester Ordnung. Doch erste Wahl wird man als Haushaltsreiniger nicht so leicht. Schließlich gibt es genügend andere gestandene Marken, die ebenfalls exzellente Haushaltsreiniger anbieten und teilweise preislich attraktiv(er) sind.

Das Besondere an Sagrotan – die hygienische Sauberkeit – könnte also beim Segment Haushaltsreiniger nicht ausreichen. Die Zielgruppe mag es auf den ersten Blick wenig interessieren, dass der Haushaltsreiniger von Sagrotan nicht nur den Fußboden gründlich reinigt, sondern auch 99,999 Prozent aller Bakterien auf dem Fußboden beseitigt. Ein Produkt das sogar mehr kann als ein gewöhnlicher Haushaltsreiniger – und doch wird es nicht von jedem Haushalt gekauft. Was könnten die Gründe sein?

Ein Teil der Zielgruppe bezweifelte möglicherweise, dass wirklich 99,999 Prozent der Bakterien beseitigt würden („Ich glaube es nicht"). Sie würde nach Beweisen für diese hygienische Sauberkeit verlangen, bevor sie bereit wäre, die Marke zu kaufen.

Ein anderer Teil der Zielgruppe könnte der Meinung sein, dass ihr derzeitiger Haushaltsreiniger ebenfalls nahezu alle Bakterien beseitigt und dabei vielleicht sogar noch günstiger sei oder einen besseren Duft habe oder in einer handlicheren Flasche angeboten werde („Ich habe es schon").

Ein weiterer Teil der Zielgruppe sähe vielleicht keine Notwendigkeit für eine hygienische Sauberkeit, bei der 99,999 Prozent aller Bakterien beseitigt werden („Ich brauche es nicht"). Er könnte der Meinung sein, dass der Fußboden zum Gehen da sei und insofern gar nicht hygienisch sauber sein müsse. Bei der Arbeitsfläche in der Küche sähe es anders aus, aber beim Fußboden reiche es ihnen, wenn einfach nur der normale Schmutz entfernt würde, was mit gewöhnlichen Haushaltsreinigern bereits wunderbar klappte. Die Aufgabe wäre also zu verstehen, welcher der möglichen Gründe der wichtigste für den größten Teil der Zielgruppe ist, um überzeugende Gegenargumente zu finden und die Zielgruppe doch noch für sich zu gewinnen und damit erste Wahl zu werden.

Jetzt werden einige sagen: Im Einzelfall kann man sicher die Art der Barriere herausfinden, aber ich habe ein Millionenpublikum, bei dem zunächst einmal alle drei Barrieretypen anzutreffen sind. Und für jede Barriere finden sich wahrscheinlich tausend verschiedene Begründungen ... Als Folge daraus wird gar nicht erst versucht, die Barrieren detailliert herauszuarbeiten, was wiederum dazu führt, dass die erarbeitete Kommunikation gar nicht erst versucht, Barrieren proaktiv zu adressieren. An dieser Stelle fragen wir: Wie wäre es denn, wenn Sie nur 50 Prozent der Menschen, die Ihre Marke heute noch nicht kaufen, davon überzeugen könnten, es morgen zu tun? Wäre es dann nicht lohnenswert zu verstehen, welche konkreten Barrieren in Ihrer Zielgruppe dominieren, um diese gezielt anzugehen? Die Erfahrung zeigt, dass es in jeder Kategorie ca. 40 bis 50 mögliche Barrierenbegründungen gibt, von denen wiederum nur drei bis fünf wirklich relevant sind. Diese drei bis fünf Barrierenbegründungen sind es, die Ihnen mit großer Wahrscheinlichkeit den Weg zu zweistelligem Wachstum versperren! Wäre es nicht sinnvoll, mit aller Macht zu versuchen, diese drei bis fünf Barrierenbegründungen herauszufinden? Es ist die beste Investition, die Sie in der Markenführung tätigen können.

Der Teil der Zielgruppe, der an der Erste-Wahl-Barriere hängen bleibt, wird in 90 Prozent der Fälle einen von drei Ablehnungsgründen haben:

→ *Ich brauche den angepriesenen Nutzen nicht. Denn ...!*
→ *Ich habe den Nutzen schon. Und zudem bekomme ich von meiner Marke ...!*
→ *Ich glaube nicht, dass die Marke den Nutzen tatsächlich bietet. Denn ...!*

Man muss zunächst verstehen, welcher dieser drei Barrierentypen zum Tragen kommt und welche Begründungen dahinter stecken, um im Anschluss die passenden und somit überzeugenden Argumente entwickeln zu können (siehe auch Kapitel 5).

4.6. Kaufbarriere oder: Kurz vor dem Ziel überholt worden?

Die Kaufbarriere ist eine der ärgerlichsten Barrieren. Endlich hat man seine Zielgruppe so weit, dass sie die eigene Marke allen anderen gegenüber bevorzugt, und dann kommt es doch nicht zum Kauf. Die häufigsten Gründe hierfür liegen im Bereich Preis und Point-of-Sale.

Premium-Marken scheitern häufiger an dieser Barriere. Oftmals liegen sie aus Sicht der Zielgruppe preislich so weit über den Wettbewerbern, dass ihr Zusatznutzen (Image, Prestige, Qualität, etc.) den höheren Preis nicht mehr rechtfertigen kann.

Werden sie dann auch noch exklusiv in wenigen oder nur einem Distributionskanal vertrieben, sind sie auch noch „schwer zu finden". Deshalb müssen diese Marken natürlich nicht ihre Premium-Positionierung aufgeben. Es gilt, die Gedanken der Zielgruppe etwa bezüglich des Preises genau zu verstehen und abermals überzeugende Gegenargumente zu entwickeln. Schließlich gab es einige aus der Zielgruppe, die bereit waren, den höheren Preis zu zahlen. Was haben diese in der Marke gesehen, was andere noch nicht sehen?

Eine Herstellermarke von Elektrowerkzeugen – nennen wir sie Top – ist eine solche Marke, die bis zur Kaufbarriere beneidenswerte Zahlen vorweisen konnte. Die Mehrheit der Handwerker kannte die Marke, wusste wofür sie steht, und hätte ein Handwerker die freie Wahl zwischen Top und einem Wettbewerber gehabt, so hätte er höchstwahrscheinlich die Premium-Marke Top gewählt. Denn wer etwa einen Top Bohrhammer besaß, der trug diesen Bohrhammer fast stolz zur Baustelle und bewältigte schier mühelos selbst hartnäckigste Aufgaben. Und doch hingen zu viele Handwerker an der Kaufbarriere fest. Gekauft wurden dann doch vor allem günstigere Marken. Um die Kaufbarriere zu überwinden, musste Top erreichen, dass die Zielgruppe den höheren Preis akzeptiert.

Eine andere Marke, die es an der Kaufbarriere nicht unbedingt leicht hat, ist TENA – ein Hersteller von speziellen Einlagen für Blasenschwäche. Nun ist Blasenschwäche nach wie vor ein großes Tabuthema in Deutschland, obwohl jede vierte Frau ab 35 bereits Erfahrung mit Blasenschwäche hat, insbesondere im Zusammenhang mit einer Schwangerschaft. Dennoch: Man spricht eigentlich nicht darüber, weder mit der besten Freundin noch mit dem Arzt und schon gar nicht mit dem Partner. Es geht soweit, dass einige die gesamte Thematik sogar sich selbst gegenüber verneinen, indem sie ihren Zustand soweit es geht ignorieren. Als Marktführer sah sich TENA deshalb nicht nur dem Wettbewerb anderer Hersteller solcher spezieller Einlagen gegenüber, sondern auch dem der

Hersteller „normaler" Damenbinden oder Slipeinlagen. Deren Produkte kann man einkaufen und verwenden, ohne dass man offensichtlich zu den von Blasenschwäche Betroffenen gehört.

TENA kämpfte damit nicht nur gegen Wettbewerber aus zwei verschiedenen, wenn auch naheliegenden Märkten, sondern vor allem auch gegen ein großes gesellschaftliches Tabu. Allerdings zog TENA mit überlegenen Produkten in diesen Kampf. Diejenigen, die TENA auch schon ausprobiert hatten, konnten sich selbst von der Überlegenheit der Produkte überzeugen und blieben der Marke meist treu. Neues Wachstum sollte aber auch durch die Gewinnung derjenigen generiert werden, die bislang noch keine speziellen Produkte für Blasenschwäche gekauft hatten. Ein Großteil der Zielgruppe von TENA war immerhin – selbst wenn sie noch keine eigenen Erfahrungen mit TENA hatte – davon überzeugt, dass TENA die besseren, zuverlässigeren Produkte hatte. Doch sobald es zur Sache ging – vor dem Regal im Supermarkt – erfolgte zu häufig der Griff zum Wettbewerb. Angesichts des gesellschaftlichen Tabus ist diese Handlung nur zu gut nachvollziehbar. Wer steht schon gerne im Supermarkt direkt vor dem Regal mit Blasenschwäche-Produkten, oder schlimmer noch mit TENA im Korb an der Kasse? Hätte man TENA „heimlich" kaufen können, hätten die Absatzzahlen der Marke vermutlich besser ausgesehen. Es galt also, entweder nach alternativen Distributionskanälen zu suchen oder aber das Einkaufserlebnis weniger peinlich zu gestalten, indem man das Thema aus der Tabuzone herausholte. Keine einfache Aufgabe.

Auch das Verkaufspersonal am Point-of-Sale ist in vielen Fällen nicht zu unterschätzen oder sogar ausschlaggebend. Gerade bei verschreibungsfreien Medikamenten passiert es schnell, dass ein Konsument die Apotheke mit einem konkreten Kaufwunsch betritt, und dann aber doch eine andere Marke kauft, nachdem der Apotheker ihn erfolgreich umgestimmt hat. Es lohnt sich in jedem Fall, auch diejenigen Personen genauer zu untersuchen, die am Point-of-Sale noch die Kaufentscheidung beeinflussen können. Was ist deren eigene Meinung zur Marke? Wie überzeugt sind sie von Wettbewerbsmarken Bieten diese dem Verkäufer eventuell eine bessere „Verkaufsstory"? Haben wir den Verkäufer ausreichend mit Argumenten für unsere Marke versorgt? Besonders schwierig wird es dann, wenn die Verkäufer sich in zwei Lager aufgeteilt haben. Eine bekannter Hustensaft traf auf genau diese Situation: Die Apotheker teilten sich in zwei Gruppen auf: in diejenigen, die von Phytopharmaka (Mitteln auf pflanzlicher Basis) überzeugt waren, und diejenigen, die auf klassische Arzneimittel setzten. Wie holt man als Nicht-Phyto-Hustensaft die Anhänger der Phytopharmaka auf seine Seite? Es galt, diese Apotheker davon zu überzeugen, dass die Wirkweise des Hustensafts mit den Vorteilen eines Phyto-Hustensafts mithalten kann bzw. denen sogar überlegen ist.

> *Die häufigsten Gründe für eine Kaufbarriere liegen im Bereich „Preis und „Point-of-Sale".*
> - *Vor allem Premium-Marken scheitern an der Kaufbarriere, wenn sie es nicht schaffen, den höheren Preis überzeugend zu rechtfertigen.*
> - *Potenzielle POS-Hindernisse wie schlechte Distribution, Platzierung, Unbehaglichkeit beim Einkauf (gerade bei Tabukategorien) oder mangelnde Überzeugung des Verkaufspersonals sind zu überprüfen.*

4.7. Wiederkaufbarriere oder: Nur ein One-Hit-Wonder?

Die Wiederkaufbarriere ist ebenfalls eine besonders frustrierende Barriere, denn nichts ist ärgerlicher, als einen gewonnen Kunden gleich wieder zu verlieren. Ein klassischer Grund für diese Barriere ist die Unzufriedenheit mit dem Produkt oder der Dienstleistung. Vielleicht sind die Produkterwartungen zu hoch gewesen oder der Kunde hat sich etwas ganz anderes erhofft. Was hatte er sich erhofft? Wissen Sie das genau?

Die Zufriedenheit und Unzufriedenheit mit Ihrer Marke können Sie in der Regel recht schnell in gängigen Studien zum Image/zur Leistung der Marke oder in Produkttests überprüfen. Hierbei gilt es zu verstehen, wie gut Ihre Produkte bzw. Dienstleistungen gewisse Kriterien wirklich erfüllen, aber auch, wie wichtig die einzelnen Kriterien für die Zielgruppe sind. Möglicherweise schneidet die eigene Marke bei vielen Kriterien hervorragend ab, doch beim wichtigsten Merkmal ist der Wettbewerb besser. Es gilt jedoch nicht nur, über die Unzufriedenheit Bescheid zu wissen. Man muss sie auch genau verstehen. Welche Erwartungen hatte der Kunde? Wenn ihm diese Frage bisher noch nicht gestellt wurde, vergleichen Sie wenigstens das Bild, welches die Zielgruppe aufgrund der Inhalte Ihrer Kommunikation in den letzten ein bis zwei Jahren aufgebaut haben dürfte, mit dem eigentlichen Produkterlebnis. Wenn Produktversprechen und Produkterlebnis sehr unterschiedlich sind, ist die Zielgruppe verständlicherweise enttäuscht, selbst wenn das Produkterlebnis gar nicht schlecht war – es war nicht das, was sie sich erhofft hatte.

CARO hatte als Getreidekaffee eine Zeit lang mit der Wiederkaufbarriere zu kämpfen. Konsumenten kauften CARO in der Hoffnung, eine schmackhafte, aber gesündere Alternative zu Kaffee oder Tee gefunden zu haben. Leider schmeckte vielen Konsumenten jedoch der in Wasser angerührte CARO Kaffee überhaupt nicht – es fehlten der vollmundige Geschmack eines guten Kaffees bzw. das sanfte Aroma eines frischen Tees. So wichtig war dem Konsumenten die „gesündere Lösung" nicht, als dass er auf Geschmack verzichtet hätte. Konsequenterweise kaufte er beim nächsten Mal wieder seinen gewohnten Kaffee oder Tee.

CAROs Ziel war es also, einen Weg zu finden, wie man dem Konsumenten den Landkaffee doch noch schmackhaft machen könnte, jedoch möglichst ohne das gesamte Produkt ändern zu müssen. Ein Ding der Unmöglichkeit? Das dachten die Verantwortlichen bei Nestlé zunächst auch. Doch wenn Konsumenten mit Begeisterung geschmacklich stark polarisierende Lifestyle-Getränke nutzen, warum sollte es nicht auch gelingen, den Konsum von CARO Kaffee zum Genuss zu machen? Wie dies letztendlich erreicht wurde, wird im nächsten Kapitel beschrieben.

Die Wiederkaufbarriere muss allerdings nicht nur dann eine Fokusbarriere sein, wenn die eigene Marke relativ gesehen schlechter abschneidet als der Wettbewerb. Auch wenn die gesamte Kategorie an dieser Stelle einen Großteil der Kunden verliert, lohnt es sich, sich mit dieser Barriere zu beschäftigen.

Schließlich gibt es Kategorien, bei denen der Produktlebenszyklus länger ist als bei anderen und vor allem länger, als es einem als Markenverantwortlichem lieb ist. In solchen Fällen mag es besonders für den Marktführer lohnenswert sein, die Phase zwischen zwei Käufen zu verkürzen und die Einkaufsfrequenz insgesamt zu steigern.

Kritisch wird es vor allem dann, wenn der letzte Einkauf des Kunden so lange zurück liegt, dass er sich beim nächsten Einkauf nicht mehr erinnern kann, welche Marke oder welches Produkt er zuvor gekauft hatte. Die Chancen der Wettbewerbsmarken, dieses Mal zu „gewinnen", haben sich damit erhöht.

Weil der Wettbewerb natürlich bei jedem neuen Einkauf der Zielgruppe darauf hofft, sie dieses Mal für sich zu gewinnen, spielen bei vielen Marken die Kundenbindungsprogramme eine große Rolle in der Markenführung. Damit sind sie aber automatisch auch mögliche Ursache für die Wiederkaufbarriere. Hat man überhaupt ein wirksames Kundenbindungsprogramm? Ist es ebenso effektiv wie das der Wettbewerber? Überprüfen Sie auch die Promotion-Angebote der Wettbewerber – wären diese in der Lage, Ihre Kunden trotz Kundenbindungsprogramm zu überzeugen und für sich zu gewinnen? Wenn Sie der Kunde wären, wie würden Sie reagieren?

> **Wichtige Fragen:**
> → *Wie gut schneidet Ihre Marke in den wichtigen Kriterien ab?*
> → *Was sind, basierend auf der gesamten Markenkommunikation, die Produkterwartungen der Zielgruppe?*
> → *Wie sehr stimmen diese Produkterwartungen mit dem eigentlichen Produkterlebnis überein?*
> → *Gibt es ein Kundenbindungsprogramm?*
> → *Hilft das Kundenbindungsprogramm dem Kunden, sich beim nächsten Einkauf wieder an die richtige Marke zu erinnern?*
> → *Ist das Kundenbindungsprogramm so konzipiert, dass es dem Wettbewerb gezielt das „Abwerben" erschwert?*

4.8. Empfehlungsbarriere oder: Das große Schweigen?

Die Empfehlungsbarriere spielt in bestimmten Kategorien eine sehr große Rolle – meist dann, wenn es um Produkte/Dienstleistungen geht, die mit unserer Gesundheit oder Sicherheit zu tun haben. Rezeptfreie Medikamente sind eine solche Kategorie, ebenfalls sämtliche Produkte für Säuglinge und Kleinkinder oder Ausrüstungen bei gefährlicheren Sportarten, Hobbys und Berufen. Gerade bei solch kritischen Produkten legt die Zielgruppe viel Wert auf die Meinung, Empfehlung und Erfahrung anderer, statt rein auf die Aussagen des Herstellers zu vertrauen.

Was hält jemanden davon ab, eine Marke und ihre Produkte weiterzuempfehlen? Um etwas weiterzuempfehlen, müssen zwei Punkte gegeben sein:

1. Man muss selber davon überzeugt sein, dass die Marke die Erwartungen des anderen erfüllt (etwa durch die eigene sehr positive Erfahrung).
2. Man muss davon überzeugt sein, dass das Produkt/die Dienstleistung dem anderen nicht schadet.

Ist eines oder beides nicht gegeben, so würde man das Produkt bzw. die Dienstleistung sicherlich nicht weiterempfehlen. Vor allem der zweite Punkt ist verständlicherweise äußerst kritisch. Wie würden Sie sich fühlen, wenn Sie einem Freund etwa eine Kopfschmerztablette geben und dieser sich daraufhin noch schlechter fühlt, weil nun auch der Magen schmerzt?

Mit solchen Einstellungen hatte beispielsweise Aspirin zu kämpfen. Zu lange hatten die Konsumenten von einer möglichen Unverträglichkeit von Aspirin besonders bei einem empfindlichen Magen in der Presse gelesen oder von Freunden gehört. Dass diese Aussagen laut Bayer nicht berechtigt waren und dass die Verträglichkeit von Aspirin in sämtlichen Studien nachgewiesen wurde, stimmte die wenigsten um. Aspirin wurde im Vergleich zu Wettbewerbern wie Dolormin oder Paracetamol Ratiopharm weniger häufig empfohlen. Die Empfehlungsbarriere wurde zu einer Fokusbarriere.

Tiefere Analysen ergaben, dass Treiber dieser Einstellung auch die Apotheker selbst waren. Verkaufsgespräche in der Apotheke verliefen häufig folgendermaßen:

Kunde: „Ich hätte gerne ein Kopfschmerzmittel – Aspirin oder so."

Apotheker: „Haben Sie einen empfindlichen Magen?"

Kunde: „Vielleicht ... ja, ich denke schon."

Apotheker: „Dann nehmen Sie lieber Dolormin – sehr wirksam und dabei aber auch sehr verträglich und schonend zum Magen."

Kunde: „Gut, dann eine Packung Dolormin. Danke."

Kein Wunder, dass dieser Kunde das nächste Mal, wenn er gefragt wird „Du, hast Du ein Aspirin für mich?", antwortet: „Hier, nimm eine Dolormin, die hilft super und ist sehr verträglich."

Um etwas weiterzuempfehlen, müssen zwei Punkte gegeben sein:
1. *Man muss selber davon überzeugt sein, dass die Marke die Erwartungen des anderen erfüllt.*
2. *Man muss davon überzeugt sein, dass das Produkt/die Dienstleistung dem anderen nicht schadet.*

Treffen diese beiden Punkte auf die Zielgruppe nicht zu, gilt es, ihnen oder entscheidenden Beeinflussern die richtigen Argumente an die Hand zu geben.

Eine weitere Ursache für die Empfehlungsbarriere kann das Image der Marke sein. Ist es dem Kunden etwa peinlich, durch seine Empfehlung zuzugeben, dass er selbst eine bestimmte Marke kauft, so wird er sie wohl auch nicht empfehlen – selbst wenn er noch so überzeugt ist. Erkenntnisse hierzu findet man häufig schon in Image-Studien der Marke. Entspricht das Image der Marke nicht dem Eigenbild, das die Zielgruppe gerne von sich selbst hätte, so kann dies die Empfehlungsbereitschaft beeinträchtigen.

Neckermann Reisen war eine Marke mit diesem Problem. Zwar reisten viele Urlauber selber gerne mit Neckermann Reisen, doch wollten einige dies aufgrund des aus ihrer Sicht angestaubten und billigen Markenimages nicht öffentlich zeigen. So brachten sie z.B. den Neckermann-Adressanhänger nicht am Koffer an oder ließen den gewählten Reiseveranstalter bewusst aus den späteren Reiseberichten aus.

Bei anderen Marken spielt zudem noch ein gesellschaftliches Tabu eine große Rolle. Hier wird überhaupt nicht erst über die Kategorie gesprochen – oder wann haben Sie z.B. das letzte Mal jemandem eine bestimmte Kondom-Marke empfohlen? Wer tauscht sich schon gerne im Café über Themen wie Blasenschwäche, Hämorrhoiden oder Haarausfall aus? In diesen Fällen ist die Empfehlungsbarriere vor allem dann eine wichtige Barriere, wenn Wettbewerber aus weniger Tabu belasteten Kategorien kommen.

So ist es zum Beispiel deutlich leichter, jemandem mit Verdauungsproblemen einen Verdauungs-Joghurt wie Activia anzubieten, als ihm ein richtiges Abführmittel zu empfehlen (welches man ja dann vermutlich selber auch genommen hat).

Für TENA etwa war es enorm schwierig, diejenigen Konsumenten, die ihre Blasenschwäche nach außen hin weiter verneinten, dazu zu bekommen, über ihre Erfahrung mit TENA zu sprechen und die Marke weiterzuempfehlen. Konsumenten, die TENA-Einlagen bei leichter Blasenschwäche verwendeten, waren zwar sehr von den Produkten überzeugt. Trotzdem gingen einige so weit, dass sie TENA-Einlagen kauften, diese aber dann zu Hause im Badezimmer umfüllten – etwa in eine neutrale Box oder sogar in die Verpackung einer normalen Slipeinlage – sodass auch kein Besuch die Produkte „entdecken" konnte. Fragte man diese Konsumenten, welche Produkte sie benutzen, wenn mal ein paar Tröpfchen in die Hose gingen, so antworteten viele „ach, ganz normale Slipeinlagen – so schlimm ist es bei mir ja nicht." TENA offen zu empfehlen kam selten in Frage, denn dann würde man ja zugeben (auch sich selbst gegenüber), dass man tatsächlich unter Blasenschwäche leidet.

> *Ein Markenimage, mit dem sich die Zielgruppe nicht nach außen hin identifizieren möchte, weil es ihr peinlich ist oder sie sich anders geben möchte, ist eine weitere mögliche Ursache für eine Empfehlungsbarriere. Auch grundsätzliche gesellschaftliche Tabus („man spricht nicht darüber") spielen eine Rolle.*

Was immer die Ursachen für die Fokusbarrieren sein mögen – sobald man sie im Detail verstanden hat, kann man Argumente dagegen entwickeln.

4.9. Wer nicht fragt, der nicht gewinnt! – Fragen und Antworten rund um Barrieren-Ursachen

Im Folgenden finden Sie wieder Frage- und Antwortbeispiele anhand der schon aus Kapitel 3 bekannten fiktiven Wasserspender-Marke „Erfrischer".

Allgemein

❓ *Warum kauft ein Teil der Zielgruppe unsere Marke nicht bzw. nicht häufiger?*

☑ *Sowohl die quantitative Analyse unserer Markenwachstumsbarrieren als auch die tiefer gehende Diagnostik unserer Barrieren haben ergeben, dass die Ursache für die bestehende Kategorie-Barriere „Kaufabsicht Wasserspender" im Bereich der Wahrnehmung durch die Zielgruppe liegt. Zwar kennen die meisten das Konzept eines Wasserspenders, doch sind sie noch nicht vollends von den Vorteilen gegenüber ihrem bisherigen Trinkwasser in Flaschen überzeugt. Sie fragen sich, ob die Wasserqualität die gleiche ist, ob sie mit einem Wasserspender genug trinken, wie der Wechsel stattfinden soll und wie der preisliche Unterschied am Ende ist. Diese Unsicherheit behindert den Entschluss, sich überhaupt aktiv mit der Anschaffung eines Wasserspenders zu befassen. Auch finden sie es schwierig, sich für eine Marke unter den Wasserspendern zu entscheiden, da sie nur schwer Vergleiche anstellen können. Speziell bei unserer Marke fehlen ihnen schlagkräftige Argumen-*

te, warum sie sich für Erfrischer entscheiden sollten und wie sie das Ganze am besten angehen. Bei den Unternehmen kommt teilweise noch hinzu, dass die Notwendigkeit und der Vorteil eines solchen Trinkwasser-Service für die eigenen Kunden nicht von allen gesehen wird.

Bekanntheit

? *Sollten wir unsere Bekanntheit stärken?*

☑ *Die Bekanntheitsbarriere ist derzeit keine unserer Fokusbarrieren. Die Kategorie selbst ist prinzipiell bekannt, ebenso die wichtigsten Marken, zu denen auch wir gehören. Das Problem liegt eher in der Bereitschaft, in die Kategorie der Wasserspender zu wechseln und sich dann konkret für uns zu entscheiden. Wir gewinnen also mehr, wenn wir unsere Ressourcen auf die Fokusbarrieren „Kaufabsicht Wasserspender", „Erste Wahl" und unter Umständen noch „Kauf" lenken.*

? *Sind Markenname, Logo und Markendesign bislang gut eingesetzt worden? Oder sollten wir unseren Markenauftritt überarbeiten bzw. stärken?*

☑ *Im Rahmen der gesamten Barrieren-Analyse haben wir ein Kommunikations-Review der letzten drei Jahre durchgeführt und festgestellt, dass unser Markenauftritt auch über die Jahre hinweg einprägsam und konsistent war. Sowohl Markenname, Logo als auch das gesamte Markendesign sind bekannt und funktionieren gut. Unsere Marke stand immer klar im Zentrum der Kommunikation. Deshalb werden wir den kürzlich von anderen Bereichen vorgeschlagenen Relaunch des Logos und des Markendesigns nicht angehen. Unser Budget bewirkt mehr, wenn wir uns auf die beschriebenen Fokusbarrieren konzentrieren.*

? *Inwieweit ist der gesamte Mediaplan darauf ausgerichtet, die Bekanntheit zu steigern?*

☑ *Die Steigerung der Bekanntheit steht nicht im Mittelpunkt. Wir konzentrieren uns vielmehr auf die identifizierten Fokusbarrieren. Die bereits erreichte Bekanntheit wollen wir dennoch beibehalten, weshalb das Thema in unserer Kommunikation weiterhin ausreichend unterstützt wird. Das heißt, dass zum Beispiel nach wie vor darauf geachtet wird, dass die Marke in jeder Kommunikation ausreichend präsent ist und somit der Absender bei jeder Maßnahme klar und deutlich ist.*

▪ Markenklarheit

❓ *Haben wir einen klaren Markenfokus?*

☑ *Der Fokus unserer bisherigen Markenkommunikation lag auf der Aussage „die bessere Alternative zu Mineralwasserflaschen". Diesen Fokus halten wir nach wie vor für den richtigen, zumal er etliche der Bedenken unserer Zielgruppen adressiert. Wir sind die bessere Alternative zu Mineralwasser in punkto Preis und Bequemlichkeit. Auch in punkto Qualität sind wir mindestens auf dem gleichen Niveau. Unser Markenfokus ist auch bei der Zielgruppe angekommen, was durch die guten Werte an der Markenklarheitsbarriere und die tiefer gehende Diagnostik hierzu bestätigt wurde. Die Zielgruppe verbindet uns mit dieser Kernaussage.*

❓ *Kommt der Markenfokus ohne Ausnahme in allen Bereichen – Kommunikation, Packaging, POS, Hotline etc. zum Tragen?*

☑ *Wie schon gesagt, wurde der Markenfokus bereits sehr klar kommuniziert. Dies wird dank der streng befolgten Kommunikationsrichtlinien für unsere Marke sichergestellt. Diese kontrollieren, ob der Markenfokus immer und überall zum Tragen kommt – in der Selling Line, in Visuals, in Verkaufsargumenten etc.*

▪ Relevanz

❓ *Ist die kommunizierte Positionierung so relevant und differenzierend wie gedacht?*

☑ *Die Zielgruppe nimmt Erfrischer als seriösen, kompetenten Anbieter wahr, weshalb die Marke für sie durchaus in Frage kommt. Dies belegen auch die positiven Zahlen an der Relevanzbarriere. Da wir mit unserem Markenfokus – die bessere Alternative zu Mineralwasserflaschen – wichtige Bedenken der Zielgruppe adressieren, ist unsere Positionierung automatisch relevant genug.*

❓ *Erfüllen die Marke bzw. ihre Produkte wirklich alle Basiskriterien der Kategorie mindestens so gut wie der Wettbewerb?*

☑ *Im Rahmen der Diagnostik der Relevanzbarriere wurden die Image-Werte der Marke nochmals untersucht. Alle gängigen Basiskriterien wie hohe Wasserqualität, Wassersortiment, Lieferbedingungen und Preis-Leistung werden weiterhin erfüllt, was sich auch in den positiven Zahlen an der Relevanzbarriere widerspiegelt. Aller-*

dings erfüllen auch die wichtigsten Wettbewerber diese Kriterien ähnlich gut, sodass sich daraus für uns noch keine Differenzierungsmöglichkeit ergibt.

Erste Wahl

❓ *Welcher Art sind die wichtigsten Ablehnungsgründe der Nichtkäufer?*

☑ *Wir haben die wichtigsten Ablehnungsgründe mit der Zielgruppe qualifiziert und festgestellt, dass Unternehmen vor allem die Notwendigkeit einer „besseren Alternative zu Mineralwasserflaschen" nicht sehen. Seinen Kunden automatisch erfrischendes Trinkwasser anzubieten, ist derzeit noch nicht der Standard. Diese Einstellung müssen wir ändern. Die privaten Haushalte hingegen sehen zwar die Notwendigkeit, glauben aber nicht, dass wir unser Versprechen wirklich einlösen können oder denken, dass andere es wohl genauso gut können.*

❓ *Warum denkt die Zielgruppe, sie bekommt das Gleiche vom Wettbewerber?*

☑ *Ein Teil der Zielgruppe ist dieser Ansicht, was zum Teil auf die recht ähnlichen Werbebotschaften zurückzuführen ist. Unsere Untersuchungen an der Erste-Wahl-Barriere haben jedoch zudem noch gezeigt, dass die Zielgruppe einige Argumente der Wettbewerber falsch interpretiert. Behauptet beispielsweise ein Wettbewerber, dass sein Wasser gut für Geist und Körper ist, so interpretiert ein Teil der Zielgruppe dies mit „auf dem gleichen Niveau wie hochwertiges, wirklich ausgewogenes Mineralwasser" und sieht darin einen Qualitätsvorteil gegenüber unserem Wasser.*

❓ *Warum glaubt ein Teil der Zielgruppe nicht an unser Markenversprechen?*

☑ *Ein Teil der Zielgruppe hat bereits hier und da Wasser aus einem unserer Wasserspender getrunken und ist der Meinung, das Wasser schmecke nicht so gut wie bei anderen Wasserspendern. So entstand mit der Zeit ein allgemeiner Vorbehalt gegenüber unseren Wasserspendern: Die Wasserqualität sei nicht so hochwertig.*

Kauf

? Wie groß ist die gefühlte Differenz zwischen akzeptiertem und eigentlichem Preis und warum?

☑ *Die Differenz ist größer als bisher vermutet, was eine genauere Untersuchung der Kaufbarriere gezeigt hat. Wettbewerber mit ähnlich hohen Preisen sind besser als wir in der Lage, ihre Preisvorstellung zu „verkaufen". Wir gehen aber davon aus, dass ein stärkerer Markenfokus und eine überzeugendere Positionierung die Überlegenheit und Relevanz unserer Marke weiter steigern wird, sodass wir den Preis besser rechtfertigen können.*

? Müssen wir unseren Auftritt am POS verbessern?

☑ *Der POS ist in unserem Fall neben der Firmenwebsite das Team der Außendienstmitarbeiter. Im Rahmen der Diagnostik der Kategorie- und der Kaufbarriere haben wir gezielt Diskussionsgruppen mit unserem Außendienst geführt und festgestellt, dass sie unsere Marke prinzipiell gerne verkaufen, ihnen aber teilweise eine überzeugende „Verkaufsstory" fehlt. Andere Marken haben gute „Stories". Unsere werden wir ihnen jetzt liefern, und zwar abgeleitet aus Argumenten, die wir identifizieren werden, um die bestehenden Fokusbarrieren „Kaufabsicht Wasserspender" und „Erste Wahl" zu überwinden.*

Wiederkauf

? Was sind, basierend auf der gesamten Marken-Kommunikation, die wirklichen Produkterwartungen der Zielgruppe?

☑ *Bei unserer jetzigen Zielgruppe liegt noch kein Wiederkauf vor, da sie derzeit noch Nichtverwender der Kategorie sind. Allerdings haben wir einige Erkenntnisse zu den Produkterwartungen derjenigen, die bereits auf Erfrischer umgestiegen sind. Größtenteils wurden die Produkterwartungen (qualitativ hochwertiges Trinkwasser, eine breites Sortiment sowie perfekte Lieferbedingungen beim Nachschub) übertroffen, vor allem in punkto Wasserqualität. Da wir bislang diesen Punkt nicht stark genug in unserer Kommunikation vermittelt haben, lagen die Erwartungen unter dem, was letztendlich geliefert wurde. Die Begeisterung unserer bestehenden Kunden sollten wir unbedingt in der Ansprache neuer Kunden nutzen, etwa in Form von Testimonials. Das hebt uns nochmals klar vom Wettbewerb ab.*

❓ *Sind unsere Loyalitätsaktionen tatsächlich so konzipiert, dass sie gezielt dem Wettbewerb das „Abwerben" erschweren?*

☑ *Da die Loyalität nicht unsere wichtigste Strategie ist, haben wir hierauf in der Vergangenheit nicht den Fokus gelegt. Allerdings geben uns Reaktionen bestehender Kunden erste Warnhinweise, dieses Thema in Zukunft nicht zu unterschätzen. Zwar verlieren wir selten Kunden, doch schafft es der Wettbewerb vereinzelt bereits, den einen oder anderen abzuwerben. Das heißt für uns, dass wir nach Lösungen suchen müssen: etwa eine Automatisierung der Bestellungen für Nachschub, Rabatte bei Erreichung einer gewissen Menge und ähnliche Treueaktionen.*

▪ Empfehlung

❓ *Sind die jetzigen Kunden zufrieden mit unseren Wasserspendern?*

☑ *Zufriedenheit scheint nicht das Problem zu sein, denn wir stehen an der Empfehlungsbarriere außerordentlich gut da. Wie bereits erwähnt, sind die Kunden vor allem von der eigentlichen Wasserqualität begeistert. Die Zufriedenheit entsteht vor allem dann, wenn beispielsweise Besuch da ist, der zunächst kritisch das Wasser probiert und dann aber von der Qualität überrascht ist. Diese positiven Erlebnisse werden wir zukünftig in unsere Kommunikation einbinden.*

❓ *Ist es den Kunden etwa unangenehm, über unsere Marke zu sprechen?*

☑ *Über unsere Marke zu sprechen ist zwar nicht unangenehm, aber Gesprächsthema Nr. 1 sind Wasserspender natürlich auch nicht. Allerdings reichen die erwähnten positiven Erlebnisse aus, um Empfehlungen durch Kunden zu generieren.*

5. Wachstumsbarrieren überwinden

– Eine mächtige Flamme entsteht aus einem winzigen Funken –

(Dante Alighieri)

Egal, um welche Fokusbarriere es geht – für jede lässt sich eine Lösung finden, mit der man sie überwinden könnte. Hat man dies erreicht, so steht neuem Wachstum nichts mehr im Wege.

5.1. Reale Barrieren versus wahrgenommene Barrieren

Um die richtige Lösung zur Überwindung einer Barriere zu finden, muss man zunächst verstehen, um welche Art von Barriere es sich handelt. Grundsätzlich gibt es zwei Arten: reale Barrieren und wahrgenommene Barrieren. Reale Barrieren sind Tatsachen, zum Beispiel eine unzureichende Distribution, ein geringerer Promotion-Anteil oder ein konkretes Problem mit dem Produkt. Hier muss ein Zustand innerhalb des Unternehmens verbessert werden, um die Barriere zu überwinden. Vieles hiervon gehört zu den klassischen Alltagsaufgaben von Marketing, Vertrieb oder anderen Abteilungen. Daneben gibt es Barrieren, die nur in den Köpfen der Zielgruppe existieren: die so genannten wahrgenommenen Barrieren wie etwa ein schwaches Image oder ein unklares Markenbild. Hier gilt es, das Bild in den Köpfen der Zielgruppe grundlegend zu verändern.

Die Lösungen für wahrgenommene Barrieren sind sich prinzipiell ähnlicher als die Lösungen für reale Barrieren. Denn um das „negative" Bild in den Köpfen der Zielgruppe zu verändern, kann man eine höchst wirkungsvolle Methodik anwenden, welche immer wieder, unabhängig vom Inhalt der Barriere, funktioniert. Diese Methodik – die gezielte Entwicklung und Nutzung von Schlüsselargumenten (BrandKeys die über Barrieren hinweghelfen – wird deshalb ausführlicher in diesem Kapitel beschrieben. Die Lösungen für reale Barrieren hingegen sind deutlich vielfältiger und unterschiedlicher. Denn hier müssen auch andere Unternehmensbereiche wie die Forschung und Entwicklung, der Vertrieb oder die Produktion stark miteinbezogen werden. Zudem hängt die Lösung von der konkreten Situation im Unternehmen ab. Die Probleme und Lösungen sind so vielfältig, dass auch eine nur näherungsweise Aufzählung den Rahmen dieses Buches sprengen würde. Wo immer eine Lösung für eine reale Barriere häufig zum Tragen kommt, wird sie kurz beschrieben, doch der Fokus dieses Kapitels liegt im Bereich der wahrgenommenen Barrieren.

> *Reale Barrieren, die auf schwachen Fundamentaldaten beruhen, müssen durch eine konkrete Veränderung der Vertriebs-, Produkt- oder Sortimentspolitik adressiert werden (alltäglicher Werkzeugkasten der Marketing- und Vertriebsverantwortlichen)!*
>
> *Wahrgenommene Barrieren müssen mithilfe von BrandKeys (Schlüsselargumenten) ausgeräumt werden, die eine negative Einstellung der Zielgruppe gegenüber der Marke in Kaufabsicht verwandeln!*

5.2. Was ist ein BrandKey?

In vielen Marketingabteilungen und Agenturen heißt das Zauberwort heutzutage „Insight", wobei ganz unterschiedliche Vorstellungen darüber vorherrschen, was ein Insight ist. Für die einen ist es die Problemstellung, die eine Marke mit ihrem Nutzenversprechen löst. Für andere sind Insights ein „tiefes Zielgruppenverständnis". Dementsprechend heißen Marktforscher in vielen Unternehmen heute Consumer Insight Manager. Eine Erkenntnis zum Verhalten der Zielgruppe – beispielsweise, dass die meisten Menschen beim Geschirrspülen zunächst die Gläser, Teller und das Besteck spülen und erst am Schluss die schmutzigeren Töpfe und Pfannen, da danach das Spülwasser etwa für Gläser nicht mehr zu gebrauchen ist – ist für viele ein Insight. Das Problem jedoch ist, dass eine solche Erkenntnis allein noch keine Auswirkung auf das Verhalten der Zielgruppe und somit auch nicht auf den Umsatz hat. Erst wenn eine Erkenntnis gezielt dazu genutzt werden kann, das Denken und Verhalten der Zielgruppe im Sinne der Marke positiv zu beeinflussen, ist das Ganze überhaupt der Rede wert und bekommt eine konkrete Bedeutung in der Markenführung. In diesem Fall sprechen wir von einem BrandKey

Ein BrandKey ist der Schlüssel, mit dem man die Zielgruppe aus einer ablehnenden Haltung holt und für eine Marke begeistert. Ein BrandKey verschafft einem Mitglied der Zielgruppe ein echtes Aha-Erlebnis, das eine Marke in einem ganz anderen Licht erscheinen lässt. Ein solcher BrandKey basiert auf einem tiefen Zielgruppenverständnis und muss fast immer erarbeitet und entwickelt werden. Die Zielgruppe wird selbst niemals sagen können, womit Sie sich überzeugen ließe. Ein BrandKey, der eine Barriere einreißt, muss per Definition immer eine neue (erstmals bewusst wahrgenommene) Information sein, die die Zielgruppe umstimmt – eben das beschriebene Aha-Erlebnis. Deshalb kann Ihnen Ihre Zielgruppe nur sagen, was sie heute denkt und weshalb sie Ihre Marke heute nicht kauft. Das Schlüsselargument müssen Sie entwickeln – und können das auch, wenn Sie Ihre Zielgruppe so gut wie möglich verstehen.

Wenn also ein Geschirrspülmittel ein Problem an der Erste-Wahl-Barriere hat, weil die Konsumenten nicht glauben, dass dieses Mittel deutlich mehr Spülkraft hat als andere, so braucht man einen BrandKey, der die Spülkraft beweist. Kennt man den oben beschriebenen Spül-Prozess des Konsumenten, kann man folgende Argumentation (folgenden BrandKey) verwenden: „Unser Geschirrspülmittel ist so gut, dass selbst ein vergessenes Glas noch sauber wird, auch wenn bereits Töpfe und Pfannen gespült wurden." Nur wenn der Konsument daraufhin denkt: „Wenn das so ist, dann kaufe ich auf jeden Fall dieses Geschirrspülmittel", hat man einen echten BrandKey gefunden, der einem hilft, die Barriere einzureißen.

> *Ein BrandKey ist mehr als nur ein tiefer gehendes Zielgruppenverständnis – es ist ein echtes Aha-Erlebnis für die Zielgruppe. Alles, was aus der ablehnenden Haltung der Zielgruppe einer Marke oder Kategorie gegenüber ein neues Verlangen nach der Marke oder der Kategorie auslöst, ist ein BrandKey. Ein BrandKey hat daher per Definition das Potenzial, Wachstum für eine Marke zu generieren.*

BrandKeys werden in den meisten Fällen in Form von Kommunikationsinhalten eingesetzt. Doch können BrandKeys auch in anderen Formen vorkommen, etwa als Kooperationen mit Experten, welche der Marke mehr Glaubwürdigkeit verleihen. Das Schöne an den meisten BrandKeys ist (neben der Tatsache, dass sie Wachstum generieren), dass sie budget-freundlich sind. Wenn man sowieso ein gewisses Mediabudget eingeplant hat, dann macht es rein aus finanzieller Sicht keinen großen Unterschied, ob man diese oder jene Botschaft sendet. Sicherlich sind da noch die Kosten für die Entwicklung der Kreation, doch auch die wären in den meisten Fällen ebenfalls sowieso angefallen.

BrandKeys können jedoch auch z.B. die Verpackung betreffen. Möglicherweise hilft schon die Verbesserung der Form, des Handlings, der Farbe, des Materials oder der Verpackungsinformation die Wahrnehmung der Marke positiv zu beeinflussen. Nehmen wir das Beispiel Gleitgel. Eine Marke kämpft damit, dass es dem Konsumenten zu peinlich ist, an der Supermarktkasse eine Tube Gleitgel auf das Band zu legen. Unangenehme Gedanken schießen ihm durch den Kopf: „Was denkt die Kassiererin von mir?", „Was, wenn ein Nachbar hinter mir in der Schlange steht?", „Was, wenn überhaupt jemand hinter mir in der Schlange steht?". Tiefere Analysen und Interviews mit Konsumenten ergeben, dass der Konsument viel eher zu dieser Marke greifen würde, wenn das Wort Gleitgel nicht in großen Buchstaben mitten auf der Tube stünde. Das Produkt steht schließlich im gleichen Regal wie die Kondome (derselben Marke) und ist somit zumindest für den interessierten Käufer immer noch klar als Gleitgel zu erkennen, auch wenn dies nicht explizit vorne auf der Verpackung steht. Mit der Änderung der Verpackung – statt Gleitgel steht nur noch Gel auf der Verpackung – springt einem das Produkt jedoch auf dem Band an der Kasse nicht gleich ins Auge. So überwinden Konsument und Marke ihre Kaufbarrieren. Das Resultat: Aus einem auslistungsbedrohten Produkt wird eines der Top-Produkte der Kategorie.

Ein BrandKey kann sich auch im Bereich des Point-of-Sale abspielen. Möglicherweise hilft es schon, wenn die Marke sich zukünftig in einem anderen Regal befindet, weil der Kunde sich ungern oder selten vor dem bisherigen Regal aufhält. Nehmen wir wieder das Beispiel TENA. Die meisten Produkte von TENA sind für Frauen gedacht, doch auch Männer können an Blasenschwäche leiden, weshalb es spezielle Produkte für den Mann gibt. Stellt man diese Produkte nun zusammen mit den anderen TENA-Produkten in das Regal mit den Slipeinlagen, Damenbinden und Tampons? Die meisten Männer fühlen sich vor diesem Regal eher unwohl oder kommen typischerweise gar nicht erst an diesem Regal vorbei. Es ist also lohnenswert, über eine andere Platzierung – etwa bei den Rasierklingen oder beim Toilettenpapier – nachzudenken, um das „weibliche Image" der Marke dem Mann gegenüber zu mildern und ihm den Einkauf zu erleichtern.

Auch die Art und Weise, wie sich ein Produkt im Regal anbietet, kann ein hilfreicher BrandKey sein, um etwa die Kaufbarriere zu überwinden. So fand ein Hersteller von Navigationsgeräten heraus, dass diese Produkte im Elektrogroßhandel zu denjenigen gehören, die der interessierte Kunde am Point-of-Sale „testen" will, oftmals aber nicht testen kann. Die Demo-Geräte liegen zwar im Regal, sind aber häufig nicht eingeschaltet oder angeschlossen, und weit und breit findet sich kein Verkäufer, der kurz Zeit hätte, dem Kunden das Gerät vorzuführen. Der ratlose Kunde greift dann entweder zu dem Gerät, von dem er am häufigsten gehört hat (leider nicht die Marke unseres Herstellers). Oder er greift zum günstigsten (auch nicht die Marke unseres Herstellers). Oder er greift zu dem Gerät, bei dem er die meisten der relevanten Produkteigenschaften auf der Produktbeschreibung am Regal vorfindet (wieder nicht die Marke unseres Herstellers). Oder er verlässt unverrichteter Dinge das Geschäft. In jedem Fall hat er kein Navigationsgerät unseres Herstellers gekauft. Die nächste Generation Navigationsgeräte wird also mit einer verbesserten, einfach zu verfolgenden Demo ausgestattet, sodass der geneigte Kunde nur noch auf „Demo" drücken muss – schon sieht er, wie er vor der Fahrt die Route eingeben muss, wie er während der Fahrt von A nach B geführt wird und was er z.B. bei einer Staumeldung tun kann. Die Chancen für unseren Hersteller, am Point-of-Sale gegenüber anderen Marken zu gewinnen, steigen.

Auch das Problem von Aspirin Plus C aus Kapitel 4 ließ sich durch einen starken BrandKey lösen. Aus Sicht der Zielgruppe erschien die Aspirin Plus C Brausetablette weniger wirksam als Wettbewerbsmarken, da sie in Wasser aufgelöst quasi verdünnt eingenommen wurde. Das stark etablierte Bild der sich in Wasser auflösenden Brausetablette sollte allerdings nicht eingestampft werden – denn wer hat schon den Luxus eines so gefestigten Bildes? Somit musste die Brausetablette im Wasser in eine Stärke umgewandelt werden. Das geschah mit folgendem BrandKey: Die Aspirin Plus C Brausetablette hat deshalb eine besonders schnelle Wirkung, weil der bewährte Wirkstoff bereits im Wasserglas aufgelöst ist und somit direkt in die Blutbahn und schneller zum Schmerz gelangen kann. Auf diese Weise wirkt Aspirin Plus C schneller und besser als andere, die sich beispielsweise erst im Magen auflösen. Mit dieser klaren Information erhielt die Zielgruppe eine völlig neue Sichtweise der Aspirin Plus C Brausetablette und konnte erfolgreich von der Wirksamkeit dieses Schmerzmittels überzeugt werden.

Alles, was hilft, die Zielgruppe über eine Barriere springen zu lassen, ist also ein BrandKey. Auch Innovationen können dazu zählen, wenn sie zum Beispiel das Image der Marke aufwerten.

> *Auch wenn ein Großteil der BrandKeys im Bereich der Kommunikation zum Einsatz kommt, ist ein BrandKey nicht nur auf Kommunikation beschränkt. Ein BrandKey kann ebenso zu Verbesserungen der Verpackung, des POS-Auftritts oder des Produktes selbst – etwa in Form von Innovationen – verwendet werden.*

Und damit sind wir bei einem zentralen Schlüssel für neues Wachstum angekommen: Will man einer Marke zu mehr Wachstum verhelfen, muss man sicherstellen, dass jede, wirklich jede Maßnahme auf einem BrandKey basiert. Das bedeutet, dass jede Maßnahme eine zuvor erkannte Fokusbarriere adressieren und die negative Wahrnehmung der Zielgruppe in eine positive verändern muss. Nur so wird schlussendlich die Anzahl der Verkäufe gesteigert.

Im Folgenden stehen die Themengebiete im Vordergrund, die im Zusammenhang mit der Entwicklung von BrandKeys häufig in Erscheinung treten. Anhand von Beispielen wird zudem verdeutlicht, was genau es ist, wonach Sie und Ihre Marke suchen werden.

5.3. Überwindung der Bekanntheitsbarriere oder: Endlich kennt man einen

Bei der Bekanntheitsbarriere trifft man sowohl auf reale als auch auf wahrgenommene Barrieren.

Reale Barrieren beim Thema Bekanntheit:

Das Budget könnte größer sein ...

Reale Barrieren beim Thema Bekanntheit haben viel mit dem Budget zu tun. Aber auch aus einem überschaubaren Budget kann man durch intelligente Maßnahmensteuerung das Maximum herauszuholen und eine nachhaltige Wirkung erzielen. Man muss folgende Prinzipien anwenden:

1. Investiere nur in ein Medium, wenn die effektive Kontakthäufigkeit innerhalb der Zielgruppe während der Einsatzdauer erreicht wird (notwendige Anzahl der Kontakte bis zur Verhaltensänderung, sprich Kauf der Marke).
2. Je geringer das Budget, desto mehr sollte man sich auf die Erreichung der effektiven Kontakthäufigkeit in seiner *Kern*zielgruppe konzentrieren, da hier das Potenzial am größten ist.
3. Je geringer das Budget, desto näher sollte man den Kontakt zeitlich und räumlich an die Kaufentscheidung heranrücken, da hier der Einfluss der Kommunikation am größten ist.

Wendet man diese Prinzipien an, kommt man sehr schnell zu einem Ansatz, der die möglichen Kontaktpunkte mit der Zielgruppe nach ihrem Potenzial – sprich Einfluss auf die Kaufentscheidung – bewertet. Gruppiert man nun die Kosteneffizienz der an diesen Kontaktpunkten einsetzbaren Medien nach Kosten pro Prozentpunkt Nettoreichweite in der effektiven Kontaktklasse, so erhält man einen Überblick, der einem sehr schnell Aufschluss darüber gibt, welche Medien für welche Kontaktpunkte einzusetzen sind.

Drei wichtige Prinzipien, um selbst mit geringem Budget seine Bekanntheit zu steigern: (1) nur investieren, wenn die effektive Kontakthäufigkeit während der Einsatzdauer erreicht werden kann, (2) Fokus auf die Kernzielgruppe richten, (3) den Kontakt so nah wie möglich an die Kaufentscheidung heranrücken.

Branding – Den eigenen Stempel aufdrücken

Zum Thema Branding, ebenfalls mögliche Ursache einer realen Barriere, ist das Wesentliche schnell gesagt. Es gilt nicht nur, Markenname und Logo einprägsam zu kommunizieren. Man muss vor allem auch die unterstützenden Corporate-Design-Elemente wie Farbtöne, Formen, Schriften, Tonalitäten, Visuals etc. konsequent einsetzen, und zwar über einen längeren Zeitraum, mindestens fünf Jahre. Die Elemente können immer noch regelmäßig aufpoliert oder modernisiert werden, doch grundlegende Veränderungen sollten nicht vorgenommen werden – es sei denn, die aktuellen Design-Elemente sind selbst Ursache für eine Barriere.

Wie stark ein konsequentes und vor allem kontinuierliches Branding jedoch sein kann, zeigen folgende Beispiele.

Von welchen Marken stammen wohl diese Anzeigen?

Abbildung 10: *Anzeigen aus der Studie „Kommunikationsmuster", 2003*

Wahrscheinlich haben Sie beide Marken erraten: Marlboro und Milka.

Die Einhaltung der Richtlinien ist einfach. Eine simple Checkliste, basierend auf den Richtlinien, wird vor jeder Freigabe von Kommunikationsmaterialien durchgegangen. Diese Checkliste muss auch politische Diskussionen sowie Kreativitätsargumente überstehen. Doch genau das ist der Knackpunkt, an dem einige scheitern. Es ist erstaunlich, wie schnell die erforderliche Disziplin über Bord geworfen wird und diese simplen Regeln nicht befolgt werden. Dies geschieht vor allem dann, wenn neue Markenverantwortliche oder Agenturen gerne der Marke ihren eigenen Stempel aufdrücken möchten.

> *Ein starkes Branding erfordert die ständige, aufmerksamkeitsstarke Präsenz des Markenlogos, Markennamens und in einigen Fällen des Produktnamens. Dazu kommt die strikte, langfristige Einhaltung der Corporate-Design-Richtlinien (Farbtöne, Formen, Schriften, Tonalitäten, etc.).*

Wahrgenommene Barrieren beim Thema Bekanntheit:

Die anderen kennen die Marke nicht ...

Diese Problematik besteht vergleichsweise selten, aber dennoch existiert sie. So wollte einer der führenden deutschen Automobilzulieferer seine Rekrutierung von Ingenieuren in China deutlich verbessern. Eine der Kernbarrieren war nicht, dass das Unternehmen als möglicher Arbeitgeber den Absolventen nicht bekannt war, sondern vielmehr dass diese die Befürchtung hatten, das Unternehmen sei bei ihren Freunden oder bei ihrer Familie nicht bekannt genug. Und da ein bekannter Arbeitgeber in China auch gleichzeitig eine Art Statussymbol ist, war diese wahrgenommene Bekanntheitsbarriere eine, die es einzureißen galt. Die Konsequenz daraus ist, viele der Aktivitäten nicht nur auf die unmittelbare Zielgruppe zu fokussieren, sondern auch das Umfeld zu adressieren, um so die Akzeptanz des Unternehmens als Arbeitgeber zu stärken.

5.4. Überwindung der Markenklarheitsbarriere oder: Das bin ich!

Die Markenklarheit wird unmittelbar von einer der wichtigsten Aufgaben der Markenführung beeinflusst: der Markenpositionierung. Diese beschreibt kurz und klar, welches (unerfüllte) Bedürfnis die Marke erfüllt, was die Zielgruppe sich von der Marke erhoffen darf und warum die Marke das liefern kann, was sie verspricht. In einem klassischen Positionierungskonzept sind das die Punkte Issue Set-up (um welches Bedürfnis/Problem geht es), Benefit (das Markenversprechen) und Reason-Why bzw. Reason-to-believe (Beweisführung oder Begründung).

Hat man eine gut funktionierende Markenpositionierung, so sollte man zumindest an dieser Barriere, Markenklarheit, sowie an den zwei folgenden Barrieren Relevanz und erste Wahl, keine Probleme haben. Wie genau hängt die Markenpositionierung mit diesen drei Barrieren zusammen? Bei der Markenklarheitsbarriere geht es im Grunde um den Markenfokus, den die Zielgruppe wahrnimmt. Ist schon die Markenpositionierung nicht fokussiert (z.B. wenn es darin um zu viele verschiedene Themen geht), so kann das Bild, das die Kommunikation entstehen lässt, ebenso wenig scharf sein. Denn schließlich sollte die gesamte Kommunikation auf der Markenpositionierung basieren. Sie ist der Wegweiser. Damit auch die Relevanzbarriere überwunden werden kann, muss die Positionierung zudem so formuliert sein, dass die Zielgruppe bereit wäre, sich theoretisch auch für diese Marke zu entscheiden, weil sie die Mindesterwartungen erfüllt. Und um dann auch erste Wahl zu werden, muss die Positionierung mithilfe von überzeugenden BrandKeys den Eindruck vermitteln, die Marke sei allen anderen überlegen.

Eine Wachstum fördernde Positionierung beruht zwingend auf einem oder mehreren BrandKeys, damit heutige Nichtkäufer zukünftig Käufer der Marke werden!

Eine Positionierung zu entwickeln und umzusetzen, die diese drei Barrieren alle einreißt, ist eine große Kunst und nur mithilfe von starken BrandKeys möglich. Fangen wir also mit der ersten der drei Barrieren an, mit der Markenklarheitsbarriere.

Reale Schwächen im Bereich Markenklarheit:

Reale Barrieren finden sich bei der Markenklarheit im Prinzip nicht. Dass eine Marke sich überhaupt keinen Fokus gesetzt hat und stattdessen versucht, eine Vielzahl an unterschiedlichsten Produkten oder Dienstleistungen aus den verschiedensten Kategorien und ohne jeglichen gemeinsamen Nenner zu verkaufen, kommt höchst selten vor. Bei der Markenklarheit geht es vielmehr darum, das Bild, das eine Zielgruppe von der Marke hat, zu schärfen. Entscheidend ist also die Wahrnehmung der Zielgruppe. Oder anders ausgedrückt: „Perception is reality".

Wahrgenommene Schwächen im Bereich Markenklarheit:

Einen Fokus haben

Nahezu alle Schwächen im Bereich der Markenklarheit haben damit zu tun, dass der Zielgruppe kein ausreichender Markenfokus vermittelt werden konnte – sei es, weil er nicht klar genug definiert ist oder weil er unzureichend kommuniziert wurde. In jedem Fall hat die Zielgruppe noch nicht richtig begriffen, wofür die Marke eigentlich steht.

Da es um den Fokus der Marke geht, gilt: je klarer, desto besser. In den meisten Fällen werden aus allen möglichen, für die Kategorie wichtigen Kriterien ein oder zwei ausgewählt, auf die sich die eigene Marke konzentriert. So zählen etwa bei Erkältungspräparaten die Kriterien „schnell", „wirksam", „verträglich" und „natürlich" zu den wichtigsten. Wer versucht, alle vier Kriterien in sich zu vereinen, der wirkt aller Wahrscheinlichkeit nach unglaubwürdig. Die „eierlegende Wollmilchsau" hat sich nur selten wirklich gut verkaufen lassen. So entscheidet sich die eine Marke also für „wirksam" und „verträglich", die andere für „schnell" und die dritte für „natürlich". Für diese drei Richtungen gibt es natürlich auch drei unterschiedliche Zielgruppen, denn Bedürfnisse unterscheiden sich bekanntlich. Interessant wird es natürlich dann, wenn mindestens zwei Marken in etwa die gleiche Positionierung für sich beanspruchen. Dann gilt es, in der Kommunikation mehr Überzeugungsarbeit zu leisten als der Wettbewerb – etwas, worum es bei den nächsten beiden Barrieren gehen wird.

Wie findet man nun seinen klaren, überzeugenden Markenfokus? Im Prinzip ist der Vorgang recht einfach – man scheitert nur immer wieder an der Disziplin. Ziel ist es, aus den wichtigsten Basiskriterien für eine Kategorie diejenige(n) für sich auszuwählen, mit denen man das stärkste Kaufinteresse bei seiner Zielgruppe generiert. Bei etablierten Marken müssen diese Basiskriterien natürlich auch zum bestehenden Markenbild passen, es sei denn, man hat sich für einen kompletten Relaunch der Marke und somit für die grüne Wiese entschieden.

Grundsätzlich gilt: Ein Markenbild ist umso besser, je einfacher es ist. Deshalb basiert es im Idealfall auf einem Basiskriterium (Produktanforderung) der Kategorie.

An diesem ausgewählten, idealerweise mit der Zielgruppe ausreichend qualifizierten, Markenfokus sollte man sich in allem, was man tut, halten. Nicht nur die Kommunikation spiegelt das Markenbild wider. Auch die Produkte selbst, deren Verpackung, POS-Material etc. In manchen Unternehmen erlebt man sogar, wie selbst die Mitarbeiter das Markenbild „leben". Bei STABILO etwa ist „bunt" ein Teil des Dachmarkenfokus – und entsprechend sieht nicht nur die Kommunikation aus. Auch die Mitarbeiter, egal welche Position sie innehaben, trifft man höchst selten im grauen Anzug mit dunkler Krawatte an. Bei manchen Kosmetik-Konzernen wiederum wird der Perfektionsstil der Marke tagtäglich gelebt. Da vergreift sich niemand im Kleiderschrank, da sitzt die Frisur und die Fingernägel blitzen in den neuesten Farben.

So klar die oben beschriebenen „Anweisungen" sind, so schwierig ist es doch immer wieder, sie konsequent zu befolgen. Nehmen wir das Beispiel DERTOUR. Der Reiseveranstalter erkannte im Rahmen einer MWB-Analyse, dass unter anderem im Bereich Markenklarheit ungenutztes Potenzial bestand. Was waren also die wichtigsten Kriterien der Kategorie, die durch einen Reiseveranstalter erfüllt werden konnten? Auswahl, Preis-Leistung, Sicherheit, Qualität, Service, Reisegefühl und Individualität. Auf welche hatte sich DERTOUR bislang konzentriert? Auf nahezu alle. Wie sah es beim Wettbewerb aus? Einige Reiseveranstalter hatten tatsächlich einen klaren Fokus auf zwei bis drei dieser Kriterien gelegt. Andere sahen sich ähnlich wie DERTOUR allem verpflichtet. Dies führte dazu, dass Reisekunden kaum einen Unterschied zwischen den Reiseveranstaltern sahen. Für sie bot DERTOUR, ähnlich wie die meisten anderen, alles an, von der Pauschalreise bis zum individuell zusammengestellten Urlaub. Es gab für sie nichts, was DERTOUR besonders auszeichnete und von der Masse abhob.

Um auch für DERTOUR ein klares Markenbild zu finden, wurde die Marke genauestens untersucht. Was gab es alles Positives und Wichtiges über die Marke zu berichten? Hierbei kann man auf zwei verschiedene Arten und Weisen vorgehen. Zum einen lohnt sich ein Blick auf Konsumentenstudien: Welche der vielen wichtigen Markenattribute haben für den Konsumenten die höchste Bedeutung? Diese Information liefert bereits erste Ansätze für Positionierungsrouten. Im Falle DERTOUR spielten klassische Attribute wie Preis, Qualität und Auswahl natürlich eine große Rolle bei den Konsumenten. Allerdings waren diese Bereiche auch schon stark durch einige Wettbewerber besetzt. Ein neuer Trend jedoch zeichnete sich ab, nämlich eine stärkere Nachfrage nach Individualreisen. Nicht jeder gab sich länger mit einer Pauschalreise „von der Stange" zufrieden. Diese Entwicklung ließ sich prinzipiell gut mit einer Stärke DERTOURs vereinen: das enorme Angebot von Reise-Bausteinen, die die Möglichkeit bieten, die gesamte Reise oder Teile davon (Anreise, Unterkunft, Programm oder Abreise) ganz individuell nach seinen eigenen Wünschen zu gestalten.

Somit sollte DERTOUR also für die individuelle Gestaltung der Reise stehen. Diesen Fokus galt es noch in eine überzeugende Markenpositionierung in Form eines klaren Verbalkonzeptes zu übertragen, welches DERTOUR zusätzlich noch besser über die Relevanzbarriere und die Erste-Wahl-Barriere helfen sollte. Hierzu jedoch später mehr.

Nicht nur die Kommunikation muss das Markenbild widerspiegeln. Sämtliche Berührungspunkte mit dem Konsumenten sollten dies tun: von den Produkten selbst über die Verpackung und POS-Material bis hin zu den Mitarbeitern selbst.

Liegen keine nutzbaren Daten zu den Konsumentenbedürfnissen vor, aus denen man einen vielversprechenden Fokus ableiten könnte, so hat es sich schon oft bewährt, die klügsten Köpfe des Unternehmens an den Tisch zu holen. In diesem Fall bestehen diese meist aus Kollegen aus dem Vertrieb und der Produktentwicklung, evtl. aus Verkäufern am POS und natürlich aus den Mitarbeitern von Marketing, Kreation und Marktforschung, die bereits über viel Erfahrung mit der Zielgruppe verfügen. Gemeinsam werden alle in Frage kommenden Marken-Attribute für die Kategorie aufgelistet und basierend auf Erfahrungswerten gewichtet. Der aktuelle Markenfokus der wichtigsten Wettbewerber fließt ebenfalls in die Überlegungen mit ein. Ein Abgleich mit den klassischen Stärken der eigenen Marke bzw. der eigenen Produkte oder Dienstleistungen zeigt auf, welche der möglichen Richtungen tatsächlich in Frage kommen.

Hat man sich für eine Richtung entschieden, so folgt der schwierigere Teil: Es gilt, diese beizubehalten, und zwar nicht nur über die nächsten ein bis zwei Jahre, sondern idealerweise über die nächsten fünf bis zehn Jahre. Dabei soll die Marke nicht verstauben. In regelmäßigen Abständen wird man deshalb die „Selling Story" rund um den Markenfokus – sprich die gesamte Markenpositionierung – wieder auffrischen müssen. Natürlich ohne sie im Kern zu ändern. Das bedeutet, entweder die Kommunikation zu „modernisieren" oder aber die Positionierung mit einer neuen „Story", mit neuen starken BrandKeys zu erzählen, sie also neu zu interpretieren. Vor dem Hintergrund der teilweise starken Personalfluktuation im Marketing ist diese simple Aufgabe durchaus oft eine der größten

Herausforderungen – denn wer drückt einer Marke nicht gerne seinen ganz eigenen neuen Stempel auf?

5.5. Überwindung der Relevanzbarriere oder: Ich bin dabei!

In Kapitel 3 wurden die beiden häufigsten Ursachen für eine Relevanzbarriere dargestellt: eine mangelnde Erfüllung der so genannten Basiskriterien einer Kategorie und eine Markenpositionierung, die nicht (mehr) von der Zielgruppe akzeptiert wird.

Reale Schwächen im Bereich Relevanz:

Erfüllung der Basiskriterien

Was muss ein Produkt/eine Dienstleistung der Kategorie mindestens erfüllen, um von der Zielgruppe in Erwägung gezogen zu werden? Wer sich diese Frage gestellt, sie ausreichend beantwortet und seine Produkte entsprechend gestaltet bzw. vermarktet hat, der sollte an dieser Stelle keine Probleme haben.

Tatsächlich liegt die Ursache einer Relevanzbarriere häufiger im wahrgenommenen Punkt „Relevanz der Markenpositionierung" als im realen Punkt „Erfüllung der Basiskriterien". Liegt das Problem dennoch bei der konkreten Produktleistung, so ist zu prüfen, ob die Produkte tatsächlich gewisse Kriterien nicht erfüllen oder ob die Zielgruppe dies nur so wahrnimmt.

Insofern überprüft man die Kriterien zum einen mit der Produktentwicklung. Dabei sollte man nicht nur auf von der Produktentwicklung selbst aufgestellte Kriterien blicken, sondern vor allem auf diejenigen, welche die Zielgruppe als Basiskriterien anerkennt. Eine solche Überprüfung kann im Übrigen regelmäßig durchgeführt werden, denn einige Kriterien rutschen irgendwann aus der „Besonderheiten"-Kategorie in die „Basiskategorie" ab. Waren früher elektrische Fensterheber oder Airbags etwas Besonderes, so gehören diese Ausstattungsmerkmale bei heutigen PKWs längst zur Basisausstattung.

Hat man sein Produkt bzw. seine Dienstleistung angepasst, so muss als Nächstes sichergestellt werden, dass die Zielgruppe darüber informiert wird, dass sämtliche Basiskriterien erfüllt sind. Dies geschieht zumeist auf subtile, indirekte Art und Weise. Schließlich ist das Erfüllen der Basiskriterien noch keine Glanzleistung und somit nichts, was man ganz besonders hervorheben möchte. Dennoch muss sichergestellt werden, dass es bei der Zielgruppe ankommt, etwa durch gezielte Produktinformationen auf der Verpackung. Auch die generelle Aufmachung eines Produktes, einer Verpackung, eines Regals oder eines ganzen Geschäfts kann auf die geforderte Basisqualität einer Marke schließen lassen. Bei Pflegeprodukten beispielsweise schwingt allein in der Verpackung vieles mit, was der Zielgruppe vermitteln soll, dass die Marke sämtliche Basiskriterien erfüllt. So erweckt eine hochwertige Verpackung den Eindruck, dass die Inhaltsstoffe ebenfalls qualitativ hochwertig sind. So können z.B. sanfte Farben suggerieren, dass die Inhaltsstoffe besonders pflegend sind.

> *Es muss regelmäßig überprüft werden, inwieweit eine Marke die Basiskriterien einer Kategorie aus Sicht der Zielgruppe noch erfüllt. Im Falle eines als unzureichend wahrgenommenen Erfüllungsgrades muss entweder die Erfüllung deutlicher kommuniziert werden oder die Marke an den neuen Standard angepasst werden. Zudem sollte auch die Gültigkeit der Basiskriterien einer Kategorie regelmäßig überprüft werden, da sie sich mit den Jahren verändert.*

Wahrgenommene Schwächen im Bereich Relevanz:

Wenn man an Relevanz verloren hat

Das Thema Relevanz sollte kein Problem darstellen, solange eine Marke klar positioniert wurde und hierbei die Prinzipien im vorangegangenen Abschnitt „3. Überwindung der Markenklarheitsbarriere" befolgt wurden. Denn in diesem Fall hat sich die Marke auf einen für die Zielgruppe wichtigen und relevanten Bereich konzentriert.

Doch gerade bei Marken, deren Positionierung schon älter ist, muss diese eventuell wieder relevant gemacht werden. Das bedeutet, man braucht eine neue „Story" für die Marke, welche dem Konsumenten zeigt, warum dieses Markenversprechen für ihn immer noch von größter Wichtigkeit ist. Denn darum geht es bei einer langfristig starken, klaren Marke: Ihr Markenversprechen soll über einen langen Zeitraum gleich bleiben und dennoch so aktuell und begehrenswert sein wie im ersten Jahr. Auch dies erreicht man mit Hilfe von BrandKeys. Welches neue Argument kann man anbringen, welche neue Sichtweise nutzen, um die Zielgruppe weiterhin von seinem Nutzenversprechen zu begeistern?

Im Fall DERTOUR galt es, die Positionierung der individuellen Reisegestaltung für die Zielgruppe besonders relevant zu machen, insbesondere, als die Wettbewerber versuchten, ebenfalls auf diesen Trend aufzuspringen. DERTOUR fand neue, überzeugende Gründe, warum man eine individuelle Reisegestaltung mit DERTOUR der Pauschalreise vorziehen sollte und testete diese BrandKeys mit der Zielgruppe in Form von alternativen Verbalkonzepten. Der folgende Gedanke entpuppte sich letztendlich als stärkster BrandKey: Im Alltag ist die Mehrheit der Zielgruppe „fremdbestimmt". Der größte Teil des Arbeitstags ist vorgeplant und durch etliche äußere Faktoren beeinflusst. Selten macht man nur das, worauf man wirklich Lust hat. Man hält sich an das, was notwendig ist. Im Urlaub – der einzigen Zeit, die man wirklich eigenständig gestalten kann – soll das möglichst anders sein. Hier will man selbst bestimmen, sprich die gesamte Reise genau so planen, wie man es am liebsten hätte (zu angemessenen Preisen versteht sich). Diese Nutzenversprechen verwendete DERTOUR und begründete es mit seinen individuell buchbaren Urlaubs- und Erlebnisbausteinen! Ein paar Jahre funktioniert dieser BrandKey sehr gut – bis die Zielgruppe derer, die sich davon angesprochen fühlte, „abgegrast" ist. Dann gilt es, die Individualreise „neu" zu verkaufen – mit einem neuen, ebenso starken BrandKey.

Wie kam DERTOUR auf einen solchen BrandKey? Wie entwickelt man für die eigene Marke einen solchen BrandKey?

Dazu durchläuft man – zum Beispiel mithilfe von Experten – einen Fragenkatalog, welcher helfen soll, die Marke in einem neuen Licht erscheinen zu lassen. Die Positionierung steht dabei im Vordergrund. Folgende Fragestellungen haben sich schon oft bewährt und den ersten Funken für einen starken BrandKey entzündet:

- → Ist diese Positionierung vielleicht für bestimmte Zielgruppen (Familien, Jugendliche, Senioren, Alleinerziehende etc.) ganz besonders interessant? Warum?
- → Passt diese Positionierung besser zu dem Bild, das die Zielgruppe gerne von sich hätte? Warum?
- → Erleichtert die Positionierung der Zielgruppe den Alltag? Wie?
- → Erfüllt die Positionierung offene Wünsche oder Bedürfnisse? Welche und warum?
- → Sind die Konsequenzen der Positionierung/des Markenversprechens besonders relevant für die Zielgruppe? Warum?
- → Sind im Gegensatz dazu die Konsequenzen des Nichtkaufs der Marke besonders schlimm? Warum?

→ Werden Probleme gelöst, die der Zielgruppe bis dahin noch gar nicht richtig bewusst waren? Welche und warum?

Man kann sich weitere Fragen dieser Art stellen, so lange sie einem helfen, etwas Neues, Positives zur eigenen Positionierung zu sagen.

> *Ist eine Markenpositionierung schon älter, muss man sie möglicherweise in einigen Fällen wieder relevant machen – und eine neue Verkaufsstory rund um die Positionierung entwickeln.*

5.6. Überwindung der Erste-Wahl-Barriere oder: Pole-Position

Man hat nun also eine klare Grundpositionierung. Ein ausreichender Teil der Zielgruppe zieht die eigene Marke neben anderen Marken in Erwägung, da ihre Positionierung aus der Sicht der Zielgruppe ausreichend relevant ist und die Basisanforderungen der Kategorie erfüllt sind. Wie bringt man nun die Zielgruppe dazu, sich bewusst für einen zu entscheiden – und zwar noch bevor sie zum eigentlichen Kaufakt übergeht, spätestens jedoch an der eigentlichen Verkaufsstätte? Eine Marke muss, damit sie erfolgreich ist, nicht nur eine klare, relevante Positionierung kommunizieren. Sie muss sich auch gegen die stärksten Wettbewerber durchsetzen. Eine Positionierung lebt nicht allein von einer im Zweifel auch durch andere Marken besetzten Positionierungsdimension. Eine Positionierung lebt vor allem von einem BrandKey der noch bestehende Kaufbarrieren einreißt und somit Kaufabsicht auslöst. Damit sind die vielfach eingesetzten, zwei- oder mehrdimensionalen Positionierungsmodelle, bei denen Marken innerhalb eines Achsensystems platziert werden, nicht mehr zeitgemäß. Sie helfen zwar, einen Marktüberblick zu schaffen, aber als Basis für eine erfolgreiche Positionierung sind testbare Verbalkonzepte wesentlich besser geeignet. Mit einem involvierenden Einstieg (Issue Set-up), einem relevanten Nutzenversprechen (Benefit) und einer überzeugenden Begründung für die Erfüllung des Versprechens (Reason-to-Believe) hat man für seine gesamte Kommunikation eine deutlich erfolgversprechendere Basis als mit einer kurzen Positionsbeschreibung innerhalb eines schlichten Achsenmodells.

Um tatsächlich erfolgversprechend zu sein, muss ein Verbalkonzept folgende Kriterien erfüllen:

1. BrandKey getrieben, um die Wahrnehmung der Zielgruppe positiv zu verändern.
2. Ruft ein „inneres Lächeln" hervor (die Idee begeistert).
3. Relevanter Einstieg (adressiert ein für die Zielgruppe relevantes Problem).
4. Relevantes Versprechen (bietet der Zielgruppe einen bedeutungsvollen Nutzen).
5. Überzeugende, einzigartige Begründung (verleiht dem Nutzen mehr Glaubwürdigkeit).
6. Klingt einzigartig und neu.
7. Differenziert gegenüber dem Wettbewerb (schafft Präferenz).
8. Passt zur Marke.
9. Ist in allen relevanten Medien/Maßnahmen umsetzbar.
10. Langfristig einsetzbar.

Hat man ein vielversprechendes Verbalkonzept mit Issue Set-up, Benefit und Reason-to-believe erfolgreich getestet, dann ist es die beste Basis, um daraus weitere wichtige Elemente einer Positionierung abzuleiten (Markencharakter, Haptik, Farben, Formen etc.). Wie schon in Kapitel 3 angedeutet, gilt es nun festzulegen, mit welchen Kriterien man sich gegenüber dem Wettbewerb (welcher vermutlich ebenfalls alle Basiskriterien erfüllt hat) differenzieren möchte.

Wahrgenommene Schwächen im Bereich erste Wahl:

Die Erste-Wahl-Barriere ist immer eine wahrgenommene Barriere. Denn unabhängig davon, ob eine Marke sich tatsächlich über ein bestimmtes Kriterium deutlich vom Wettbewerb abhebt oder nicht, es gilt in beiden Fällen, die Wahrnehmung der Zielgruppe zu ändern. Ist man mit seiner Marke dem Wettbewerb überlegen, so muss man dies deutlicher als bisher kommunizieren. Ist man es nicht, so muss man Wege finden, die Marke dennoch in einem besseren Licht erscheinen zu lassen.

Im Idealfall identifiziert man also ein besonderes Kriterium, auf dem man mit seinen Produkten oder Dienstleistungen deutlich besser ist als der Wettbewerb. Oder man findet ein Kriterium, das nur man selbst erfüllt und stellt dieses möglichst relevant dar. Lässt sich jedoch mal kein wirklich interessantes Kriterium finden, bei dem man deutlich besser als alle anderen Wettbewerber oder gar der einzige Anbieter ist, so kann es auch schon ausreichen, der Erste und Einzige zu sein, der darüber spricht.

Nehmen wir das Beispiel einer bekannten Deutschen Biermarke, die unter anderem damit wirbt, nach dem Deutschen Reinheitsgebot gebraut zu werden. Dies klingt nach etwas Besonderem und mag die Zielgruppe erfolgreich ansprechen. Dass tatsächlich jedes Bier in Deutschland nach diesem Gebot gebraut werden muss und somit auch wird, ist nebensächlich. Schafft man es, ein solches Kriterium so stark an sich zu binden, dass Wettbewerber es nicht mehr für sich nutzen können, ohne dass sie als „Nachmacher" gesehen werden, hat man viel gewonnen.

> *Um anderen Wettbewerbsmarken vorgezogen zu werden, muss man sich über mindestens ein relevantes Kriterium klar differenzieren:*
> - *ein Kriterium, auf dem man als deutlich besser als der Wettbewerb wahrgenommen wird,*
> - *ein Kriterium, über das noch kein anderer gesprochen hat.*

Hat man als Marke jedoch schon ein fest etabliertes Kriterium, an dem man festhalten möchte, so gilt es zu verstehen, warum die Zielgruppe bislang hiervon noch nicht restlos überzeugt war. Warum ist man dennoch nicht die erste Wahl? Man muss die Zielgruppe und ihre Beweggründe verstehen. Da es immer Gründe gibt, warum eine Zielgruppe eine andere Marke bevorzugt bzw. die eigene Marke nicht ausreichend überlegen einstuft, gibt es auch Argumente/BrandKeys, mit denen man sie davon abbringen und sie von der eigenen Marke überzeugen kann. In Kapitel 4 wurden die drei klassischen Ablehnungsgründe bereits vorgestellt.

– Ich brauche den angepriesenen Nutzen nicht. Denn …!
– Ich habe den Nutzen schon. Und zusätzlich bekomme ich von meiner Marke …!
– Ich glaube nicht, dass die Marke den Nutzen tatsächlich bietet. Denn …!

Kommen wir zurück zum Beispiel Sagrotan aus Kapitel 4, der Marke der hygienischen Sauberkeit. Mit einer starken Dachmarke ist bei Bekanntheit, Markenklarheit und Relevanz meist alles in Ordnung. Doch bei der ersten Wahl fangen die Probleme häufig an – andere Wettbewerber bieten ebenfalls sehr gute Haushaltsreiniger an und sind teilweise preislich attraktiver. Um das eine, richtige, überaus überzeugende Argument zu finden, welches den hygienisch-sauberen Effekt von Sagrotan besser an die Zielgruppe verkauft als alle Argumente der Wettbewerber, gilt es, die Zielgruppe besser zu verstehen. Warum ist ihr die hygienische Sauberkeit im Fall der Haushaltsreiniger nicht in gleichem Umfang wichtig wie in anderen Kategorien? Eine wichtige Zielgruppe für Marken wie Sagrotan sind Familien mit jüngeren Kindern, da diese „den meisten Schmutz machen" und somit einen hohen Verbrauch an Haushaltsreinigern haben.

Drei denkbare Gründe dieser Zielgruppe sind die folgenden:

- Die Zielgruppe sieht keine Notwendigkeit für einen hygienisch sauberen Fußboden, da dieser schließlich nur „zum Gehen da ist".
- Die Zielgruppe ist der Meinung, dass ihr jetziger Haushaltsreiniger ebenso wie Sagrotan sämtliche Bakterien beseitigt – sodass sie insgesamt schon sehr zufrieden mit ihrem Produkt ist.
- Die Zielgruppe bezweifelt schlicht und einfach, dass der Sagrotan Haushaltsreiniger tatsächlich Bakterien so gründlich beseitigt, dass eine hygienische Sauberkeit gegeben wäre.

Letztendlich scheint die mangelnde Notwendigkeit für einen hygienisch sauberen Fußboden der stärkste Grund gewesen zu sein, warum der Sagrotan Haushaltsreiniger noch nicht bevorzugt wurde. Ein überzeugendes Schlüsselargument musste die Position von Sagrotan deutlich stärken. Das starke Schlüsselargument aus Sagrotans Kommunikation baute auf folgendem Gedanken auf: „Spätestens wenn Kinder auf dem Fußboden toben, kuscheln oder spielen und sogar vom Fußboden essen, bekommt die hygienische Sauberkeit des Sagrotan-Fußbodenreinigers eine völlig neue Bedeutung." Mit einem solchen BrandKey haben Marken wie Sagrotan die Basis geschaffen, um die Zielgruppe zu überzeugen und die Erste-Wahl-Barriere einzureißen.

Wie kam Sagrotan auf seinen BrandKey? Wie kommen andere Marken auf ihre? Letztendlich braucht es nur eine außerordentlich gute Zielgruppenkenntnis sowie die richtigen Fragestellungen. Alles, was man an Positivem zu einer Marke sagen kann, kann der Grundstein für einen starken BrandKey sein. Seien es die Inhaltsstoffe, der Umgang mit dem Produkt, die Art der Herstellung, die Konsequenzen der Nutzung bzw. der Nichtnutzung, der Wettbewerb oder die Erfahrung anderer – es ist immer wieder erstaunlich, wie viel Positives man über eine Marke sagen kann. Anschließend gilt es, überzeugende Antworten auf die bekannten Ablehnungsgründe der Zielgruppe zu finden. Diese auf BrandKeys basierenden Argumentationsketten werden idealerweise mit der Zielgruppe qualifiziert, um herauszufinden, welche am stärksten überzeugen und die Zielgruppe dazu bringen, sich für die eigene Marke zu entscheiden.

Der Trick hierbei ist die Zielorientierung. Je genauer man weiß, warum eine Marke abgelehnt wird und um welche Art von Ablehnungsgrund es sich handelt, desto besser ist man in der Lage, die richtigen Gegenargumente zu finden. Der Schlüssel liegt in der genauen Barrierekenntnis und einer entsprechenden Fragetechnik, welche die vorhandenen Gegenargumente aus der Marke herauskitzelt.

> *Um gezielt Argumente gegen die drei großen Ablehnungsgründe (brauche ich nicht, habe ich schon, glaube ich nicht) zu finden, braucht man eine gute Zielgruppenkenntnis, gesunden Menschenverstand und die richtigen Fragestellungen. Diese helfen einem, alles Positive zur Marke zu identifizieren, zum Beispiel:*
> - *Inhaltsstoffe*
> - *Umgang mit dem Produkt*
> - *Art der Herstellung*
> - *Konsequenzen der Nutzung bzw. der Nichtnutzung*
> - *Schwächen des Wettbewerbs*
> - *positive Erfahrung anderer*

Bei der Entwicklung starker BrandKeys ist es notwendig, sich durch verschiedene Themengebiete zu arbeiten, um sicherzustellen, dass man kein wichtiges Potenzial ausgelassen hat. Folgende BrandKey-Themen haben sich in der Praxis bewährt:

Produktgetriebene BrandKeys

Ein Großteil der stärksten BrandKeys findet seinen Ursprung im Produkt bzw. in der Dienstleistung. Letztendlich möchte der Konsument eine gute Leistung für sein Geld haben. Ein Beispiel für produktgetriebene BrandKeys lieferte das Unternehmen Heraeus mit seinem damaligen Produkt IQ:NECT. Um Zahnärzte und Zahntechniker von diesem Implantatsystem zu überzeugen, nutzte IQ:NECT folgenden Gedanken: Bei herkömmlichen Zahnimplantaten wurde eine Schraube verwendet, um den neuen künstlichen Zahn zu befestigen. Doch der Schraubmechanismus und der hierfür benötigte Schraubkanal schränkte in bestimmten Fällen die Stabilität und Ästhetik des Implantats ein. Der neue Zahn saß am Ende nicht perfekt und verschmolz dadurch auch optisch nicht richtig mit dem restlichen Gebiss. Dank einer innovativen Fügetechnik kam IQ:NECT ohne den limitierenden Schraubenkanal aus. Stattdessen wurde ein sehr genauer und stabiler Klick-Mechanismus verwendet. IQ:NECT versprach somit maximale Stabilität mit allen Gestaltungsmöglichkeiten eines natürlichen Zahns. Allein durch diesen technischen, produktgetriebenen BrandKey wirkte das Versprechen von IQ:NECT: „Schön und stark wie ein natürlicher Zahn!" für Zahnärzte und Zahntechniker glaubwürdig und überzeugend.

Nun müssen Sie als Nicht-Zahnarzt oder -Zahntechniker diese Argumentationskette nicht zu 100 Prozent verstehen. Wichtig festzuhalten ist in diesem Zusammenhang, dass BrandKeys nicht nur im B2C-, sondern auch im B2B-Geschäft der Schlüssel zu mehr Wachstum sind. Entscheidend ist es, die Tiefe der Argumentation an die Zielgruppe und ihre Produktkenntnis anzupassen, um überzeugend wirken zu können. Konsumenten geben sich glücklicherweise oft mit weit weniger komplexen Argumentationen zufrieden.

Situationsgetriebene BrandKeys

Auch die Darstellung einer Situation, in der sich die Zielgruppe befindet, kann überzeugen. Hierfür muss die Situation förmlich genau nach der Lösung schreien, die die Marke bietet. Ein Beispiel hierfür findet sich im Bereich Halsschmerzmittel wieder. Der Hersteller eines Halsschmerzmittels qualifizierte unter anderem folgenden BrandKey mit seiner Zielgruppe: Bei Halsschmerzen denkt man sofort: „Jetzt bloß nicht krank werden!" Denn dann gerät der Alltag völlig aus der Bahn. Wenn es also ein Halsschmerzmittel gäbe, das die Halsschmerzen schnell und zuverlässig beseitigt und dadurch verhindert, dass die Erkältung zum Ausbruch kommt, wäre dieses definitiv die erste Wahl der Zielgruppe.

Emotional getriebene BrandKeys

In bestimmten Kategorien funktionieren emotional getriebene BrandKeys sehr gut. Abführmittel sind eine solche Kategorie. Hier spielt der emotionale Zustand des Kunden sowohl bei der Kaufentscheidung als auch bei der Produktverwendung eine große Rolle. Schließlich macht das Leben mit Verdauungsbeschwerden nur noch halb so viel Spaß … Wenn Hausmittel nicht mehr helfen und man sich aufgrund der trägen Verdauung müde und schlapp fühlt, der Bauch aufgebläht ist und irgendwann sogar schmerzt, dann sind selbst schöne Dinge wie der Besuch von Freunden oder das Spielen mit den Kleinen eher anstrengend. Wenn es also ein Verdauungsmittel gäbe, mit dem Verdauungsbeschwerden zuverlässig und schonend gelöst würden, sodass das Mittendrin-Sein wieder richtig Spaß macht, dann wäre dieses Mittel schnell die erste Wahl.

Analogie-getriebene BrandKeys

In vielen Fällen hilft auch eine Analogie. Sie kann oft deutlicher vermitteln, was das Problem ist oder warum die Lösung funktioniert. Eine Antifalten-Creme wirkt mit dem gleichen Zellerneuerungsprinzip wie Pflanzen. Ein Waschbecken hat eine besonders glatte, Wasser und Schmutz abweisende Oberfläche, an der alles abperlt wie bei einer Lotusblüte. Bei Halsschmerzen hat man beim Essen das Gefühl, man würde Stacheldraht schlucken. Insbesondere dann, wenn ein komplexer oder ungewöhnlicher Sachverhalt – sei es das Problem oder die Lösung – erklärt werden muss, helfen Analogie-getriebene BrandKeys. Mit ihnen kann man Dinge einfacher erklären, indem man an Wissen, Situationen und Erfahrungen aus dem Alltag anknüpft.

Nutzengetriebene BrandKeys

Nutzengetriebene BrandKeys können ebenfalls sehr plausibel sein, denn die meisten Menschen sind in hohem Maß nutzenorientiert. Möchte man beispielsweise seine Zielgruppe von der besonderen Zuverlässigkeit seiner Navigationsgeräte überzeugen, so kann man folgenden nutzengetriebenen BrandKey verwenden: Grundsätzlich behaupten alle Navigationsgeräte, dass sie einen zuverlässig von A nach B bringen. Doch erst in kritischen Situationen – etwa bei eng aufeinander folgenden Straßen, im Tunnel oder in langen Häuserschluchten – stellt sich heraus, wie zuverlässig ein Gerät wirklich funktioniert. Mit der überlegenen Zuverlässigkeit der eigenen Marke hingegen wird man selbst in kritischen Situationen problemlos und richtig geführt. Das haben unzählige Testfahrten in herausfordernden Strecken im Gebirge und in engen Städten sichergestellt. Der interessierte Käufer kann sich hiervon sogar selbst überzeugen, indem er eines der speziellen Ausleihgeräte in den unterschiedlichsten Situationen selber testet. Eine solche Argumentationslinie überzeugt selbst kritische Kunden.

Egal, wie genau ein BrandKey nun gestaltet ist, er lässt dann aus einem winzigen Funken eine mächtige Flamme entstehen, wenn er es schafft, die Zielgruppe aus ihrer „ablehnenden" Haltung zu locken und sie in Kaufbereitschaft zu versetzen.

> *Die Verhalten ändernden, Kaufabsicht auslösenden BrandKeys (Schlüsselargumente) sind es, die eine Marke von anderen differenzieren – sie über die Zeit hinweg relevant halten und sie letztendlich zu einer wachstumsstarken Marke machen! Und das selbst, wenn die Marke „nur" auf einem Kategorie-Nutzen positioniert ist.*
>
> *Die Aufgabe der Markenverantwortlichen sollte vorrangig darin bestehen, auf Basis einer fundierten Kenntnis der Wachstumsbarrieren konsequent neue, noch schlagkräftigere BrandKeys zu finden.*

5.7. Überwindung der Kaufbarriere oder: Als Erster durch das Ziel

Wie schon in Kapitel 4 beschrieben, liegen die häufigsten Ursachen der Kaufbarriere im Bereich Preis und Point-of-Sale. Obwohl der potenzielle Käufer bereits so weit war, dass er die eigene Marke kaufen wollte (erste Wahl), entscheidet er sich kurz vor dem Kauf doch nochmals um: Er kauft den Wettbewerb. Den größten Einfluss auf diese „Umentscheidung" haben ein als zu hoch wahrgenommener Preis, unzureichende Präsenz am Point-of-Sale sowie eine negative Empfehlung durch das Verkaufspersonal.

Reale Schwächen im Bereich Kauf:

Purer Luxus?

Der Preis ist in den seltensten Fällen eine reale Barriere. Wenn es beim Preis ein Problem gibt, dann weil die Zielgruppe *denkt*, die Marke sei zu teuer für das, was sie bietet, und nicht, weil die Zielgruppe sich die Marke tatsächlich nicht leisten kann. In diesem Fall ist der Preis also nur eine wahrgenommene Barriere, die man mit guten Argumenten überwinden kann. Wenn der Preis doch eine reale Barriere darstellt, was selten der Fall ist, muss man entweder seine Zielgruppe überdenken und auf höhere Einkommensklassen setzen oder nach Möglichkeiten suchen, den Preis zu senken.

Die ultimative Platzierung

Eine andere reale Schwäche im Bereich Kauf, die weit häufiger vorkommt, ist das Thema „Platzierung" am POS. Ist die Marke im richtigen Regal? Findet der potenzielle Kunde das Regal? Sind die Produkte richtig angeordnet? Wie sieht das Wettbewerbsumfeld aus?

Viel Spielraum hat man aufgrund der Handelshoheit auf diesem Gebiet in der Regel nicht. Es bleiben aber die im Folgenden beschriebenen drei (kombinierbaren) Möglichkeiten.

Möglichkeit 1: Händler-Überzeugung

Im Sinne eines erfolgreichen Category Managements gilt es hier, das Sortiment gemeinsam mit dem Händler an den Konsumbedürfnissen der Zielgruppe auszurichten. Zunächst lohnt es sich, dem Händler gegenüber sämtliche Bemühungen der eigenen Marke aufzuzeigen, welche die Nachfrage ankurbeln werden und die eigenen Platzierungswünsche mit Daten zu begründen. Man zeigt klar auf, warum sich dadurch der Abverkauf beschleunigen sollte – das gemeinsame Ziel von Händler und Hersteller. In Zusammenarbeit mit dem Händler analysiert und optimiert man die Präsentation von Warengruppen. Für die Zielgruppe bedeutet das letztendlich eine bessere Orientierung am POS sowie ein höherwertiges Kauferlebnis. Das Ergebnis: effizientere Sortimentsgestaltung und -verwaltung auf beiden Seiten, stärkere Kundenbindung sowie gesteigerter Absatz und Umsatz. Auch wenn man am Ende des Tages trotz erfolgreicher Kooperation mit dem Händler nicht jeden einzelnen seiner Wünsche erfüllt bekommt, so ist jedes Zugeständnis, das der Händler macht, gleichzeitig ein Teil der Kaufbarriere, der eingerissen werden konnte.

Möglichkeit 2: Zielgruppenkommunikation

Woher soll der an Blasenschwäche leidende Kunde wissen, dass entsprechende Produkte schon längst nicht mehr nur in Apotheken, sondern auch in gewöhnlichen Supermärkten und Drogeriemärkten erhältlich sind? Woher soll insbesondere der männliche Kunde wissen, wo er die entsprechenden „For-Men" Produkte findet? Sie könnten theoretisch im Damenhygiene-Regal liegen, aber auch neben dem Rasierschaum oder beim Toilettenpapier. Nichts ist einfacher, als in seiner Kommunikation darauf hinzuweisen, wo genau die Produkte und Dienstleistungen erhältlich sind. Solche Maßnahmen weiß auch der Handel zu schätzen – und sie dienen als Argument, die eigene Marke an einer bestimmten (optimalen) Stelle zu platzieren.

Möglichkeit 3: POS-Kommunikation/-Wegweiser

Auch hier kann man schnell eine positive Wirkung erzielen, solange man es versteht, die Instrumente und Maßnahmen direkt am POS richtig einzusetzen. Wie bei anderen Kommunikationsmedien auch, reicht es längst nicht mehr, in groß, bunt und grell präsent zu sein. Man sollte versuchen, auch hier seine überzeugenden BrandKeys aus dem Bereich erste Wahl zu kommunizieren, um den Kunden nicht nur zu leiten, sondern auch in seiner Markenüberzeugung zu festigen. Wobbler, Floorgraphics, Displays, Deckenhänger und Panels, die dem Kunden vermitteln: „Hier bin ich!" erreichen längst nicht das Potenzial, das sie durch die Integration starker BrandKeys erreichen könnten. Bei der Gestaltung und beim Einbau eines BrandKeys sind der Kreativität einer Agentur keine Grenzen gesetzt.

Die eigentliche Distributionsstärke ist natürlich eine weitere reale Barriere im Bereich Kauf. Kaum etwas ist ernüchternder, als wenn die Zielgruppe die eigene Marke klar zur ersten Wahl deklariert hat, diese dann aber am Point-of-Sale nicht zu finden ist. Neben den klassischen Distributionsbemühungen des Marketings und des Vertriebs helfen auch hier die eben dargestellten Möglichkeiten, den Händler zum Partner zu machen und seine Distributionsstärke weiter zu steigern.

Wahrgenommene Schwächen im Bereich Kauf:

Zu teuer?

Fangen wir auch hier mit dem Thema Preis an. Wie kann man verhindern, dass der potenzielle Käufer, für den die eigene Marke ja schon die erste Wahl ist, sich dennoch für eine Wettbewerbsmarke entscheidet? Das Beispiel der Elektrowerkzeug-Marke Top aus Kapitel 4 zeigt einen Weg auf:

Man muss schlicht und einfach seinen (höheren) Preis rechtfertigen. Dass dies in der Praxis ständig gelingt, zeigt der Erfolg der Premium-Marken. Ginge es nur um den Preis, dann dürften außer der günstigsten Handelsmarken und No-Names keine anderen Marken mehr gekauft werden. Mit welchen Argumenten rechtfertigt man also seinen höheren Preis?

Oft überzeugen Argumente, die ein unsinniges Verhalten der Zielgruppe aufzeigen. Der Zielgruppe muss klar gemacht werden, dass ihre Entscheidung für den günstigeren Wettbewerber letztendlich falsch ist. Ein berühmtes Zitat lautet: „Ich kann es mir nicht leisten, billige Schuhe zu kaufen." Diese Einsicht ist es, die man erreichen möchte. Man muss also der Zielgruppe die negativen Konsequenzen ihrer Entscheidung aufzeigen. Im

Fall „Schuhe" sind diese zahlreich: Billige Schuhe sehen deutlich schneller abgetragen und alt aus und gehen eher kaputt, sodass man häufiger neue kaufen muss. Viele haben schon die leidige Erfahrung gemacht, ein paar billige Schuhe gekauft zu haben, die sich als dermaßen unbequem herausgestellt haben, dass schon am nächsten Tag „Ersatz-Schuhe" gekauft werden mussten. Am Ende wäre es möglicherweise günstiger gewesen, man hätte sich gleich für ein Paar hochwertige, wenn auch etwas teurere Schuhe entschieden.

Die Zukunftsfähigkeit einer Marke bzw. ihrer Produkte ist ebenfalls ein hilfreiches Argument für höhere Preise. Für ein Mobiltelefon oder einen Fernseher beispielsweise sollte der Kunde bereit sein, einen höheren Preis zu zahlen, wenn er weiß, dass sein neues Gerät dafür auch langfristig einsetzbar ist. Technische Neuerungen, die in bestimmten Branchen laufend an der Tagesordnung sind, werden dem Besitzer keine Probleme bereiten, da sein hochwertiges Gerät bereits darauf vorbereitet wurde. Er ist also später nicht gezwungen, ein neues Gerät zu kaufen oder auf die Nutzung der neuen technischen Möglichkeiten zu verzichten.

Auch das Risiko einer Fehlentscheidung kann ein starkes Argument sein, vor allem wenn es z.B. um Firmeninvestitionen geht. Entscheidet sich ein Unternehmen für das eine oder für das andere IT-System? Wenn man die möglichen Folgen einer Fehlentscheidung gravierend (und teuer) genug darstellen kann, so hat man auch hier ein starkes Argument.

Serviceleistungen sind ebenfalls nicht zu unterschätzen. Ob Privatperson oder Unternehmen – wer wäre nicht bereit, sich beim Computer-Kauf für eine hochwertigere Marke zu entscheiden, wenn dafür ein hoher Servicestandard garantiert ist? Dass z.B. bei Dell Hilfe vor Ort angeboten wird oder bei Apple ein kompletter Austausch, ist für den Kunden ein Service, für den man durchaus bereit ist, etwas mehr zu zahlen.

Letztendlich kann man außerdem versuchen, den Preis auf andere Weise darzustellen. Man kann beispielsweise den Preis pro Nutzung aufzeigen. Zögert die Zielgruppe z.B. noch, sich für die teurere Marmelade zu entscheiden, so dürfte sie ihre Bedenken spätestens dann über Bord werfen, wenn man die Preisdifferenz auf die Anzahl der Portionen, sprich auf die Anzahl Marmeladenbrote aufteilt. Für vermutlich weniger als 1 Cent pro Brot oder Frühstück kann man sich eine besonders schmackhafte Marmelade sicherlich leisten.

Die zuvor erwähnte Elektrowerkzeug-Marke Top müsste ebenfalls aufzeigen, welche negativen Konsequenzen der Kauf einer günstigeren Marke hätte. Auch bieten sich Top verschiedene, erfolgversprechende Möglichkeiten: günstigere Werkzeuge liefern eventuell nicht das gewünschte Ergebnis, da sie zu ungenau oder auch zu umständlich zu bedienen sind, sodass man schneller abrutscht, wackelt, daneben trifft. Sie sind weniger leistungsstark, sodass man länger braucht oder etwas überhaupt nicht fertig stellen kann. Sie gehen unter Umständen schneller kaputt, sodass man seine Arbeit unterbrechen muss, um Ersatz zu beschaffen. Wie auch immer das Argument ausfällt, die letztendliche Konsequenz sollte idealerweise einen finanziellen Bezug haben. Im Fall des Ersatzwerkzeugs liegt der finanzielle Aspekt auf der Hand. Doch auch eine schlecht verrichtete Arbeit bedeutet, dass man alles noch einmal machen und entsprechend neues Arbeitsmaterial besorgen muss.

> *Ein höherer Preis kann sinnvoll und überzeugend gerechtfertigt werden, indem auf negative Konsequenzen des Kaufs der günstigeren Wettbewerber aufmerksam gemacht wird.*

Neben dem Preis spielt die Gestaltung am Point-of-Sale eine wichtige Rolle, wenn es um die Überwindung der Kaufbarriere geht. Näher kann man an die Kaufentscheidung der Zielgruppe nicht herankommen. Deshalb müssen hier auch die BrandKeys, die eine Marke zur ersten Wahl werden lassen, zum Tragen kommen. POS-Marketing gehört, wenn es richtig eingesetzt wird, zu den effektivsten Marketingformen. Dabei kann man unter POS zweierlei verstehen:

1. Verkaufsstätte, gegebenenfalls mit Beratung durch Verkaufspersonal

Allein schon auf der Verpackung sollten die wichtigsten BrandKeys sichtbar sein, damit Kunden bei der Sichtwahl „richtig" entscheiden und auch das Verkaufspersonal schnell die passenden Argumente zur Hand hat. Regalauszeichnungen und Instore-Kommunikation muss ebenfalls mithilfe der stärksten BrandKeys überzeugen. Selbst Samplings und Verkostungen bewirken nochmals deutlich mehr, wenn sie neben der eigentlichen Vergabe von Proben auch die BrandKeys vermitteln können.

2. Besuch des Außendienstmitarbeiters beim Kunden

Häufig ist es noch so, dass jeder Außendienstmitarbeiter mit einer eigenen Verkaufsstory loszieht. Einige sind damit sehr erfolgreich, andere nicht. Allerdings finden gute Verkaufsstories nur selten ihren Weg zu den weniger erfolgreichen Außendienstmitarbeitern.

Insofern macht es Sinn, den Außendienst nicht nur schon in die Entwicklung der Brand-Keys einzubinden, sondern allen die gleiche, BrandKey-geladene Story an die Hand zu geben.

Doch nun zu den konkreten Schwächen, die es häufig im Bereich POS gibt:

Sich wohlfühlen beim Einkauf

Eine wahrgenommene Schwäche kann das Einkaufserlebnis an sich sein. Das Beispiel von TENA aus Kapitel 4 zeigt, wie schwierig es sein kann, die Kaufbarriere zu überwinden, selbst wenn die Zielgruppe prinzipiell sehr vom eigenen Produkt überzeugt ist. Das Besondere in diesem Fall ist das gesellschaftliche Tabu, wenn es um das Thema Blasenschwäche geht. Über das Thema redet man in der Regel nicht. Kaum einer möchte damit in Verbindung gebracht werden. Kein Wunder, dass man nur ungern mit den entsprechenden Produkten an der Kasse steht, wo einen Freunde und Bekannte sehen könnten. Wie überwindet man eine solche Kaufbarriere?

Auch hier geht es darum, die richtigen BrandKeys zu finden. Ähnlich wie bei den vorangegangenen Barrieren versucht man, den folgenden Satz zu vervollständigen: „Wenn ich wüsste dass .../ wenn ich darüber nachdenke, dass, ... so kann ich mir eher vorstellen, XY tatsächlich zu kaufen. Um ein Tabuthema zu überwinden, hilft es oft, das Thema „gesellschaftsfähig" zu machen. In Zeiten, als es vielen noch unangenehm war, mit einer Packung Kondomen an der Kasse zu stehen, lief der berühmte „Tina, wat kosten die Kondome?" Aidsspot der Bundeszentrale für gesundheitliche Aufklärung mit Ingolf Lück. Dieser Spot, in dem eine an der Kasse anstehende ältere Dame am besten über den aktuellen Preis für Kondome Bescheid wusste, half, das Thema zu enttabuisieren.

Ein ähnliches Vorgehen half TENA, aus der Tabu-Ecke herauszukommen. Dies war vor allem bei jüngeren Frauen wichtig, die sich noch stärker von der Verwendung distanzieren wollten als ältere, aber zum Beispiel durch eine Schwangerschaft ebenso von Blasenschwäche betroffen waren. Informationen darüber, dass Blasenschwäche mehr Menschen betrifft als gedacht und so häufig vorkommt wie Migräne oder Heuschnupfen, halfen, das Problem natürlich und akzeptabel erscheinen zu lassen. Dieses Schlüsselargument führte dazu, dass die potenziellen Kundinnen ihre Ablehnung überwinden konnten. Bei Männern ist diese Aufgabe noch eine Stufe schwieriger, da eine leichte Blasenschwäche von der Gesellschaft im Allgemeinen eher älteren Frauen zugeordnet wird. Hier nutzte TENA beispielsweise einen starken BrandKey, welcher mithilfe der überraschend großen Anzahl Männer, die in Deutschland mit Blasenschwäche zu tun haben, die speziellen Einlagen für Männer enttabuisierte. In einer Printanzeige vor einigen Jahren für TENA for Men hieß es: „Blasenschwäche ist heute so normal wie Heuschnupfen. Etwa 1,5 Mio. Männer in Deutschland sind davon betroffen." Sicherlich werden allein aufgrund dieser Anzeige noch nicht sämtliche Männer ihre Kaufbarriere überwunden haben und ans TENA-Regal gestürzt sein. Dennoch war es ein Schritt in die richtige Richtung. Heute findet man eine ganze Website zu TENA for Men, die weiterhin daran arbeitet, das Thema zu enttabuisieren und damit den eigentlichen Einkauf weniger unangenehm zu gestalten.

> *Das Einkaufserlebnis an sich muss höherwertig gestaltet sein, sprich einfach, schnell, unterhaltsam und erfreulich. Dies ist vor allem dann wichtig, wenn es zuvor z.B. aufgrund von gesellschaftlichen Tabus äußerst schwierig war.*

Verkaufspersonal als Verbündeter

Das Verkaufspersonal kann eine starke Erfolgsbarriere sein, wenn es selbst ein falsches Bild der Marke im Kopf hat. Das A und O ist eine richtige Verkaufsstory. Denn diese hilft jedem Verkäufer, eine Marke zu verstehen, seine Kompetenz unter Beweis zu stellen und einen Abschluss zu tätigen. Es reicht in der Regel, dem Verkäufer die Daten und Fakten zu zeigen, die belegen, dass sich die Zielgruppe durch diese Argumente schnell überzeugen lässt. So gibt man ihm etwa eine Liste der schlagkräftigsten Argumente an die Hand oder zeigt ihm, wie er bestimmte Produktvorteile demonstrieren kann. Diese Angaben können im persönlichen Gespräch vermittelt werden, in einem Training, über eine Lern-CD, im Internet, über die Verpackung oder mithilfe von Informationsblättern.

In bestimmten Kategorien kann es sinnvoll und notwendig sein, dem Verkäufer spezielle Zusatzinformationen zukommen zu lassen. Bei Medikamenten etwa helfen den Apothekern nicht nur die Argumente, die für seinen Kunden relevant sind. Der Apotheker benötigt zusätzlich pharmazeutisch-technische Informationen, um vom Medikament überzeugt zu sein und den Argumenten Glauben zu schenken. Erst dann wird er sicher sein, seine Kunden richtig und gut zu beraten.

So hatte der Hersteller eines Medikaments gegen Halsschmerzen starke Verkaufsargumente für die Apotheker vorgesehen: eine Doppelwirkung des Präparates, welche nicht nur wie die meisten Wettbewerbsprodukte auf das Symptom – den Schmerz – abzielt.

Stattdessen bekämpfte das Halsschmerzmittel auch die Ursache, nämlich die Entzündung. Dies ist entscheidend, um zu verhindern, dass der Halsschmerz wiederkommt oder aus der Entzündung eine schwere Erkältung wird. Zu dieser Verkaufsargumentation kamen noch konkrete Produktinformationen für den Apotheker selbst, etwa die Tatsache, dass das Halsschmerzmittel dank bestimmter Inhaltsstoffe nicht nur wie die meisten Mittel lokalanästhetisch sondern auch anti-entzündlich wirkt.

> *Gelingt es einem nicht, das Verkaufspersonal mithilfe einer überzeugenden Verkaufsstory und weiteren fachlichen Informationen und Beweisen selbst zu Fans der eigenen Marke zu machen, so wird der Apotheker seinen Kunden mit großer Wahrscheinlichkeit Wettbewerbsmarken empfehlen.*

Auch die eigene Vertriebsmannschaft muss über Barrieren und BrandKeys in Kenntnis gesetzt werden, um diese gezielt einzusetzen. Idealerweise werden Repräsentanten aus der Vertriebsmannschaft bereits in die Entwicklung der BrandKeys mit einbezogen.

5.8. Überwindung der Wiederkaufbarriere oder: Für immer Dein

In den meisten Fällen wird ein Produkt nicht wieder gekauft, weil es a) den Nutzer enttäuscht hat, b) er sich nicht mehr an das Produkt erinnern kann oder c) weil Wettbewerber mit interessanteren Angeboten lockten. Allen drei Gründen kann man mit BrandKeys – also mit starken Schlüsselargumenten, die über die Barriere hinweghelfen – entgegentreten.

Reale Schwächen im Bereich Wiederkauf:

Ähnlich wie bei der Erste-Wahl-Barriere gibt es auch bei der Wiederkaufbarriere kaum reale Schwächen. Wenn die Produkte/Dienstleistungen einer Marke nicht gerade mit sehr negativen Erlebnissen verbunden sind, so liegt die Ursache einer Produktenttäuschung eher in der falschen Wahrnehmung/Erwartung der Zielgruppe.

Wahrgenommene Schwächen im Bereich Wiederkauf:

Die große Enttäuschung

Ein klassischer Grund für eine Wiederkaufbarriere ist also die Produktenttäuschung. Möglicherweise waren die Produkterwartungen des Kunden zu hoch oder sie unterschieden sich schlichtweg von dem, was die Marke in Wirklichkeit liefern kann. Doch was genau waren die Erwartungen des Kunden? Was haben Werbung, Verpackung und Preis ihm zunächst suggeriert? Im Fall von CARO Kaffee aus Kapitel 4 gewann die Zielgruppe den Eindruck, sie würde mit dem Getreidekaffee eine gesündere, aber genauso schmackhafte Alternative zu Bohnenkaffee erhalten. Doch den wenigsten Kunden schmeckte der in Wasser angerührte CARO Kaffee, sodass ein erneuter Kauf oft ausblieb.

Doch wie findet man Argumente, um Enttäuschungen zu vermeiden? Ein hilfreicher Ansatz ist, darüber nachzudenken, ob man die Art und Weise, wie der Kunde das Produkt verwendet, ändern kann. Macht er etwas falsch? Würde eine andere Handhabung zu besseren Resultaten führen? CARO Kaffee fand auf diese Art und Weise seine Lösung. Verschiedene Versuche, den unveränderten Getreidekaffee anders zuzubereiten, kombiniert mit der Erkenntnis, dass Milch immer beliebter wurde (man denke an Milchkaffee, Cappuccino, Latte Macchiato & Co.) führten schließlich zu einer neuen Zubereitung mit Milch statt mit Wasser. Schon schmeckte der Getreidekaffee deutlich besser – vollmundiger, sanfter und aromatischer – oder zumindest war das die Wahrnehmung der Verwender. Eine Marke, die jahrzehntelang so verkauft wurde, dass sie in Wasser gelöst werden sollte, erreicht in Zielgruppenqualifikationen eine bisher nicht erlebte Attraktivität, weil sie jetzt in heißer Milch aufgelöst werden soll bzw. kann.

Eine weitere Marke, die zunächst mit einem enttäuschenden Geschmack zu kämpfen hatte, war Red Bull. Ohne Frage ist der süße, Sirup-ähnliche Geschmack nicht jedermanns Sache. Anfangs in der Kategorie der Limonaden untergebracht, schnitt Red Bull eher schlecht ab. Wer also dem ungewöhnlichen Geschmack nichts abgewinnen konnte, der kaufte Red Bull in der Regel nicht wieder. In einem solchen Fall kann es hilfreich sein, die Erwartungen des Kunden zu verändern. Mit der Suche nach einer anderen Produkterwartung ergab sich für Red Bull die Lösung: Das Getränk musste in einer anderen Kategorie platziert werden. Die Theorie dahinter ist recht klar: Im Olympiabecken gehört man vielleicht zu den schlechteren Schwimmern. Im Nichtschwimmerbecken ist man hingegen der Held. Red Bull ging sogar noch einen Schritt weiter, als „nur" in eine andere Kategorie zu wechseln. Es wurde eine neue Kategorie geschaffen – die Kategorie der Energy-Drinks (damals in einigen asiatischen Ländern bereits vorhanden). Mit dem

Versprechen, dem Kunden zu neuer Energie zu verhelfen, änderte sich die Produkterwartung. Der Geschmack rückte schlichtweg in den Hintergrund und wurde somit akzeptabler.

> *Um in Zukunft Produktenttäuschungen zu vermeiden, muss man entweder*
> *a) die Produktnutzung dahingehend ändern, dass das Resultat verbessert wird oder*
> *b) die Erwartungen ändern, indem man sich in einer anderen Kategorie platziert, in der man seine Stärken besser ausspielen kann und in der die Schwächen weniger auffallen.*

Vergesslichkeit der Kunden

Als weiterer Grund für eine Wiederkaufbarriere macht die Vergesslichkeit der Kunden den Markenverantwortlichen immer wieder zu schaffen. In manchen Fällen vergeht schlicht und einfach so viel Zeit zwischen zwei Käufen, dass sich der Kunde nicht mehr erinnern kann, welche Marke und welches Produkt er beim letzten Mal gekauft hatte.

Eine Kategorie, in der dieses Problem vermutlich häufiger auftritt, ist die der Haarfärbemittel. Diejenigen Kunden, die wirklich regelmäßig alle fünf bis sechs Wochen ihre Haare färben, mögen sich die genaue Marke und Farbe vom letzten Mal noch ins Gedächtnis rufen können. Doch je länger der Zeitraum zwischen zwei Färbungen ist, desto schwieriger ist es meist, sich noch an die Marke zu erinnern, geschweige denn an die genaue Farbnuance. War es Hellbraun, Haselnuss, Mittelbraun, Schokobraun oder doch Dunkelblond? Um dieser Vergesslichkeit und damit dem potenziellen Kundenverlust entgegenzuwirken, haben einige Marken eine Merkhilfe entwickelt. Sie bauen auf der Erkenntnis auf, dass sich einige Kunden tatsächlich ärgern, wenn sie sich beim nächsten Kauf nicht mehr an Marke und Farbe erinnern und die ganze Suche nach dem passenden Produkt von vorne losgeht (plus das Risiko, die falsche Farbe zu erwischen). Die Merkhilfe kommt zum Beispiel in Form eines simplen Aufdrucks auf einem Verpackungsflügel, der Marke und Farbe festhält. Diese Merkhilfe wird abgerissen und bis zum nächsten Einkauf aufbewahrt. Das ist einfach, aber wirksam.

> *Dem Kunden muss geholfen werden, sich beim nächsten Kauf einfacher an die Marke und an das Produkt vom letzten Kauf zu erinnern.*

Attacke des Wettbewerbers

Schließlich kann eine hohe Produktloyalität durch Attacken eines Wettbewerbers verhindert werden. Nur allzu häufig kommen einem Rabattaktionen, neue Werbekampagnen, 2-for-1-Angebote und ähnliche Promotions in die Quere. Im schlimmsten Fall genau dann, wenn der Kunde sich aufmacht, seinen Bestand zu erneuern. Solange dies nicht der Fall ist, mag die Akzeptanz eines besonderen Angebot noch nicht besonders hoch sein, da man ja „noch ausreichend daheim hat und derzeit nichts braucht". Es gilt also, die kritische Phase der Bestandserneuerung zu überstehen. Ganz egal, mit welchen Aktionen der Wettbewerb versucht, Kunden zu gewinnen, man muss ihm einen Schritt voraus sein. Doch wie passt man diesen Moment am besten ab?

Am einfachsten ist es, sein eigenes Angebot an den zur Neige gehenden Bestand zu koppeln. So können zum Beispiel Rabatt-Coupons ganz unten in der Taschentücherbox, in der Fotopapier-Verpackung oder der Kekstüte platziert werden. Ein Drucker könnte automatisch ein Promotion-Angebot ausdrucken, sobald eine Tintenpatrone nachgefüllt werden muss. Sicherlich bieten einige Kategorien mehr Möglichkeiten als andere, doch eine Überlegung in diese Richtung lohnt sich allemal. Für manche Loyalitätsprogramme werden ähnliche Maßnahmen schon lange eingesetzt. Wer hat als Kind nicht das ein oder andere Mal eine Box Frühstücksflocken nach der anderen „geleert", um endlich ausreichend Coupons ausgeschnitten und gesammelt zu haben, um auf irgendeine Art und Weise dafür belohnt zu werden? Damit wären wir auch schon beim nächsten Punkt: Kundenbindungsprogramme.

> *Der Zeitpunkt der Bestandserneuerung (wenn wieder ein neuer Kauf getätigt wird) muss abgepasst werden, um den Kunden mit eigenen Angeboten zu umwerben, bevor der Wettbewerb die Chance dazu hat.*

Kundenbindungsprogramme

Hat man noch kein Kundenbindungsprogramm, so mag dies eine Lösung zur Überwindung der Wiederkaufbarriere sein. Hat man bereits eines, so muss überprüft werden, inwieweit es tatsächlich im Sinne der Kundenbindung funktioniert.

Beispiele für funktionierende Kundenbindungsprogramme gibt es genug. Und egal, ob der Kunde besonders viel fliegen, in bestimmten Hotels übernachten, bei gewissen Ketten einkaufen oder an bestimmten Tankstellen tanken muss, er will in jedem Fall ausreichend belohnt werden. Das heißt nicht automatisch, dass die Belohnung finanziell gesehen viel Wert sein muss. Sie muss den Kunden lediglich stark motivieren, einen „Will haben"-Effekt auslösen. Darum ist auch nicht immer ein Gratis-Flug oder ein besseres Hotelzimmer die Lösung. Ein einfacher Fußball oder Ferrari-Spielzeugautos tun es auch, solange die Aktion so aufgesetzt ist, dass ein gewisses „Fieber" entsteht und der Kunde seinen Wiederkauf wirklich gerne tätigt. Gewisse Grundvoraussetzungen gibt es hierbei: Es muss für den Kunden mit wenig Aufwand verbunden sein, sich dem Programm anzuschließen und sich im Sinne des Programms zu verhalten. Er muss seine Belohnung ebenfalls auf einfachste Art und Weise einfordern und erhalten können. Teilweise funktionieren solche Programme sogar ganz ohne konkrete Belohnungen. Beispiele hierfür sind die verschiedenen Promotions bei McDonalds, wie etwa die Los Wochos mit mexikanischen Gerichten. Auch die Idee „Jede Woche eine neue Welt" von Tchibo hält den Kunden „bei der Stange".

Das gesamte System muss in jedem Fall so einfach wie möglich zu verstehen sein. Leichter gesagt als getan, und dennoch: Eine genaue Überprüfung dürfte neue potenzialstarke Ideen und sinnvolle Verbesserungen ergeben. Im Zweifelsfall lohnt es sich zudem, diejenigen Kunden, denen es ab und zu an Treue mangelt, schlichtweg zu fragen, warum das so ist. In welchen Situationen greifen sie trotz Kundenbindungsprogramm zum Wettbewerb? Aus welchen Gründen? Die Antworten sind mit Sicherheit sehr aufschlussreich und inspirierend und bilden die Basis für – Sie werden es erraten – Wachstum fördernde BrandKeys.

Ein Kundenbindungsprogramm muss vor allem drei Punkte erfüllen:
1. Die Teilnahme muss einfach sein.
2. Die Belohnung muss attraktiv genug sein.
3. Das Einfordern der Belohnung muss einfach sein.

5.9. Überwindung der Empfehlungsbarriere oder: Talk of the town

Wie bereits in Kapitel 4 beschrieben, spielt für einige Kategorien der Punkt Empfehlung eine große Rolle. Insbesondere wenn es um die eigene Gesundheit geht, um die eigenen Kinder oder etwa um die eigene Sicherheit. Bei allem, was einem wirklich wichtig ist, wofür man nur das Beste will und was auf keinen Fall zu Schaden kommen soll, fragt man gerne Vertrauenspersonen nach ihrer Meinung. Doch bevor diese auch tatsächlich eine Empfehlung aussprechen, können gewisse Barrieren auftreten: a) sie sind selbst nicht ausreichend vom Produkt/von der Dienstleistung begeistert, b) sie sind sich nicht sicher, ob das Produkt/die Dienstleistung dem anderen schaden könnte, c) sie „schämen" sich für ihre eigene Wahl, d) sie sprechen generell nicht über die Kategorie.

Man muss die Zielgruppe also davon überzeugen, dass das Produkt bzw. die Dienstleistung den anderen begeistern wird, völlig bedenkenlos benutzt werden kann, auch von anderen positiv gesehen wird und insgesamt eine interessante Thematik ist. Da alle diese Punkte mit der Wahrnehmung des Kunden verbunden sind, sprechen wir hier nur von wahrgenommenen Barrieren.

Wahrgenommene Schwächen beim Thema Empfehlung

„Magic Moments"

Dieser Punkt wurde unter dem Aspekt Produktenttäuschung bereits angerissen. Allerdings muss man bei der Überwindung der Empfehlungsbarriere im Idealfall noch einen Schritt weiter gehen. Der potenzielle Empfehler muss nicht nur zufrieden, er muss begeistert sein – einen „Magic Moment" erlebt haben – sodass er von sich aus das Produkt bzw. die Dienstleistung empfiehlt. Wie kreiert man einen so genannten „Magic Moment"? Einen ganz speziellen Moment, in dem das Produkterlebnis ganz besonders und vor allem unerwartet positiv ist? Nicht immer kann man sein eigentliches Produkt so gestalten, dass es von sich aus einen Magic Moment beschert. Es gilt also, die potenziellen Momente richtig abzupassen – die Momente, in denen man den Kunden überraschen kann.

Solche Momente gibt es vor allem in der Dienstleistungsbranche häufiger. Überall, wo ein Problem auftauchen kann, bei dem ein Berater, ein Verkäufer oder eine Hotline vorbildlich weiterhelfen kann, steckt ein potenzieller „Magic Moment". Wer mal seine Bankkarten verloren hat und dank bestem Service schnell und professionell aus dieser misslichen Lage befreit wurde, der wird eher von diesem Erlebnis erzählen. Wer unverschuldet einen Anschlussflug verpasst hat, wird ebenfalls positiv von seinem Erlebnis erzählen, wenn ihm unverzüglich weitergeholfen wurde. Prinzipiell gilt: Je schwieriger die Situation für den potenziellen Empfehler, desto größer kann der „Magic Moment" sein. Es gilt also, sämtliche möglichen unangenehmen Situationen zu identifizieren und bestens auf eine beeindruckende Lösung des Problems vorbereitet zu sein.

Doch auch bei Waschmaschinen, Joghurts, Anzügen, Computern, IT-Systemen, Steuerberatungen, Presslufthämmern und sämtlichen anderen Produkten und Dienstleistungen können „Magic Moments" geschaffen werden. In diesen Fällen schreitet in der Regel der Kundenservice zur Tat, persönlich oder über eine Hotline. Können frühzeitig kaputt gegangene Produkte problemlos zurückgegeben oder ersetzt werden, erhält der Kunde sofort Ratschläge und Anweisungen; wenn er mit der Bedienung eines Produktes Probleme hat, so erlebt er auch hier einen „Magic Moment". Natürlich muss dennoch eine gewisse Grundqualität der Produkte und Dienstleistungen vorherrschen, um zu verhindern, dass das Image einer billigen, unzuverlässigen Marke entsteht.

> *Es gilt, dem Kunden „Magic Moments" zu bescheren: ihn positiv zu überraschen, wenn er nicht damit rechnet. Dies geschieht in der Regel am einfachsten dann, wenn er wirklich auf Unterstützung und Service angewiesen ist.*

Dem anderen bloß nicht schaden

In der Regel kommen die wenigsten potenziellen Empfehler von selbst darauf, dass eine Marke und ihre Produkte einem anderen schaden könnten. Hierbei schließen wir den Fall aus, dass das Produkt in der Tat auf gefährliche Art und Weise versagt hat, da dies unter den Punkt „Produktenttäuschung" fällt. Meist hört oder liest der potenzielle Empfehler etwas, das die Sorge aufkommen lässt, seine Empfehlung könnte dem anderen schaden.

Im Fall von Aspirin aus Kapitel 4 ist es der Apotheker selbst, der durch sein Verkaufsgespräch Auslöser von Bedenken ist. Hätte der Apotheker nichts über empfindliche Mägen und die größere Verträglichkeit eines anderen Medikamentes gesagt, so hätte der Kopfschmerz-Kunde a) eine Packung Aspirin gekauft und b) anderen Kopfschmerzgeplagten vermutlich etwas davon abgegeben. Denn die Wahrscheinlichkeit, dass er wirklich aufgrund der Einnahme von Aspirin an Magenbeschwerden gelitten hätte, ist nach wissenschaftlichen Untersuchungen äußerst gering.

Man muss also versuchen, negative Aussagen zu verhindern. Gerade im Testbericht-besessenen Deutschland ist dies keine einfache Aufgabe. Umso wichtiger ist es an dieser Stelle, PR-Arbeit zu leisten. Es gilt zu verstehen, wo negative „Berichte" herkommen, warum das so ist und wie diese richtig zu stellen oder zumindest in die richtige Perspektive zu rücken sind. Im Fall von Aspirin galt es unter anderem, die Apotheker von der Verträglichkeit von Aspirin zu überzeugen. Hierzu konnte ausreichend Datenmaterial genutzt werden, welches wissenschaftlich belegte, dass die Bemängelungen der Verträglichkeit von Aspirin unbegründet waren.

Gute Argumente und Beweise sind notwendig, um durch Dritte ausgelöste Bedenken bezüglich der Produkt- und Dienstleistungssicherheit zu zerstreuen und zu vermeiden. Ansonsten kann der potenzielle Empfehler weiterhin durch Dritte (zum Beispiel durch Testberichte) negativ beeinflusst werden und es vorziehen, das Produkt nicht weiterzuempfehlen.

Das falsche Markenbild

Es kommt vor, dass jemand sich für eine Marke entscheidet, obwohl er denkt, dass andere diese Entscheidung nicht unbedingt befürworten würden. Für ihn jedoch bietet die Marke ausreichend Vorteile, um das eher negative Image aus Sicht der anderen auszugleichen. So mag eine Klatschzeitung nicht gerade die Lektüre sein, für die man bewundert wird, und etliche befragte Personen werden vermutlich behaupten, sie läsen so etwas nicht. Doch irgendwo müssen die hohen Auflagen ja herkommen …

Möchte man als Marke nicht auf eine Empfehlung verzichten, so muss das Markenbild verbessert und gesellschaftsfähig gemacht werden. Man muss herausfinden, wie genau das negative Image aussieht, wo es herrührt, wer es fördert und welches tatsächliche Gewicht es hat. Erst dann kann man damit beginnen, das Image zu verändern, und zwar in die richtige Richtung. Im Fall von Neckermann wollten einige Urlauber nicht offensichtlich kundtun, dass sie mit Neckermann verreisten und brachten beispielsweise bewusst den Neckermann Adress-Anhänger nicht am Koffer an oder ließen den Veranstalter aus späteren Reiseberichten aus. Warum? Für einen Teil der Zielgruppe hatte Neckermann ein eher verstaubtes Image, gekoppelt mit einem großen Schuss „Billig-Anbieter". Die eigentlichen Reiseangebote waren zwar weiterhin überzeugend, doch sollte nicht mehr jeder erfahren, mit wem man da verreiste. Es galt also, etwas mehr Moderne, Qualität und Erhabenheit in die Marke zu bringen. Im Rahmen einer Auffrischung der Markenpositionierung und des Kommunikationskonzeptes erfolgte eine solche Imageveränderung. Besondere Urlaubsorte und höherwertige Hotels wurden häufiger als sonst in der Kommunikation erwähnt und gezeigt, statt sich auf „Nullachtfünfzehn-Orte und 3-Sterne-Bunker" zu konzentrieren. Die gezeigten Unterkünfte und Landschaften waren anmutiger, ebenso die gezeigten Personen. Die gewohnte Auswahl und die überzeugenden „Neckermann-Preise" der Grundpositionierung der Marke blieben dabei erhalten.

Verhindert ein negatives Image die aktive Weiterempfehlung der Marke, so muss das Image durch kommunikative Maßnahmen korrigiert werden. Das bedeutet jedoch nicht, dass eine völlig neue Markenpositionierung entwickelt werden muss. Es geht vielmehr darum, wie die Marke auftritt.

Das Tabuthema

Wie auch schon bei der Kaufbarriere spielt auch bei der Empfehlungsbarriere die Gesellschaft und ihre Ansichten eine große Rolle. Wenn über ein Thema grundsätzlich nicht gesprochen wird, dann sind Empfehlungen nahezu unmöglich. Grundsätzlich gibt es hier für eine Marke die gleichen Möglichkeiten, die bereits im Zusammenhang mit der Kaufbarriere erwähnt wurden. Man muss versuchen, das Thema möglichst gesellschaftsfähig zu machen, zumindest so weit, dass man sich mit Vertrauenspersonen (von denen man vermutet, dass sie ähnliche „Probleme" haben) austauscht. Man muss also informieren. Sind vielleicht deutlich mehr Menschen als vermutet betroffen, sodass man längst nicht allein dasteht? Sind „ganz normale" Menschen davon betroffen? Ist das ganze Problem möglicherweise gar kein Problem, sondern etwas ganz Natürliches?

Anonyme Chat-Foren sind zudem ein hilfreicher erster Schritt, noch bevor man die Zielgruppe dazu bewegen konnte, sich persönlich auszutauschen. Hier kann jeder Tipps und Ratschläge abgeben – und nebenbei ganz offen Marken empfehlen. Die Zielgruppe bewusst zu solchen Foren hinzuführen ist demnach schon ein erster sinnvoller Ansatz.

> *Auch bei der Empfehlungsbarriere gilt es, das Tabuthema gesellschaftsfähig zu machen. Anonyme Chat-Foren, in denen Betroffene sich offener austauschen und im Idealfall die eigene Marke empfehlen, sind jedoch ein guter Anfang auf dem oft langen Weg zur Akzeptanz in der Gesellschaft.*

Kunden empfehlen Kunden

Hat man die beschriebenen Empfehlungsbarrieren erfolgreich eingerissen, so gilt es nun, eine Empfehlung nicht nur zu ermöglichen, sondern aktiv zu fördern. Kunden-empfehlen-Kunden-Progamme sind in der Regel recht einfach einzuführen. Um erfolgreich zu sein, müssen ähnliche Kriterien erfüllt sein wie bei klassischen Kundenbindungsprogrammen. Die Teilnahme am Programm muss möglichst einfach sein. Die Belohnung muss aus Sicht der Empfehler attraktiv sein. Oft sind die besten Prämien solche, die auch am häufigsten von Verbrauchern nachgefragt werden. Kauf- oder Suchmaschinen-Rankings im Internet sind dafür gute Anhaltspunkte. Ein andere Art von Prämien, die eine große Anziehungskraft besitzen, sind attraktive, aber im Prinzip „unvernünftige" Produkte wie Lifestyle-Handies oder „hippe" Accessoires, für die man aus Vernunftgründen eigentlich kein Geld ausgeben möchte. Bekommt man sie im Fall einer Kundenempfehlung quasi umsonst, hat man einen guten Entschuldigungsgrund, um solche Produkte dennoch zu besitzen. Das Einfordern und Erhalten der Belohnung muss ebenfalls möglichst einfach sein. Im Idealfall ist vor allem die Prämie haptisch erlebbar, sprich der Kunde muss seine Prämie sehen und in der Hand halten können – sei es nur ein symbolischer Scheck.

> *Für Kunden-empfehlen-Kunden-Programme gilt das Gleiche wie für Kundenbindungsprogramme: möglichst einfach und lohnenswert.*

5.10. Wer nicht fragt, der nicht gewinnt! – Fragen und Antworten rund um die Barrieren-Überwindung

Im Folgenden finden Sie die richtigen Fragen entlang des MWB-Modells, um sicherzustellen, dass alle Ressourcen auf Wachstum fokussiert sind. Mithilfe des MWB-Modells sowie den eigenen Marktforschungsdaten finden Sie die richtigen Antworten und können dies überzeugend präsentieren.

■ **Allgemein**:

❓ *Wie reißen wir die bestehenden Barrieren ein?*

☑ *Wir haben für die wichtigsten Barrieren Kaufabsicht Wasserspender sowie Erste Wahl und Kauf, die jeweiligen Ursachen untersucht und konnten daraus starke BrandKeys – sprich Schlüsselargumente, die über die Barrieren hinweghelfen – ableiten, mit denen wir sowohl Unternehmen als auch Privatpersonen aus ihrer ablehnenden Haltung herausholen und sie für unsere Marke begeistern. Die entwickelten BrandKeys beschränken sich dabei nicht nur auf die klassische Kommunikation. Sie werden vor allem mithilfe unseres Außendienstes eingesetzt werden, um das Wachstumspotenzial an diesen Barrieren zu realisieren.*

■ **Kaufabsicht Wasserspender**

❓ *Wie reißen wir die Kategorie-Barriere Kaufabsicht Wasserspender ein?*

☑ *Unsere Analysen und Diagnosen an dieser Barriere hatten uns schon klar aufgezeigt, mit welchen negativen Einstellungen wir es bei beiden Zielgruppen zu tun haben. Die Unternehmen sehen größtenteils noch nicht die Notwendigkeit eines Wasserspenders. Die privaten Haushalte sehen teilweise noch nicht ausreichend Vorteile gegenüber ihrem bisherigen Wasser in Flaschen. Die privaten Haushalte lassen sich jedoch schnell mit klaren BrandKeys zum Thema „Wasserkisten Schleppen" überzeugen. Vor allem BrandKeys, die das „Wasserkisten Schleppen" noch mühsamer darstellen, als man es sich zunächst vorstellt, funktionieren sehr gut. Wenn man etwa hochrechnet, wie viele Kisten man pro Jahr wie viele Kilometer und Treppen (hoch)schleppt, erkennt die Zielgruppe sehr schnell den Vorteil der Wasserspender. Die Unternehmen hingegen sind schon schwerer zu überzeugen. Hier* müssen wir das Argument einer angenehmeren Atmosphäre beim Einkaufen, beim Arztbesuch etc. überzeugend vermitteln. Was bedeutet der Wasserspender für die Kunden, Patienten und Besucher unserer Kunden? Er bedeutet eine angenehme Erfrischung oder einen kleinen Zeitvertreib während der Wartezeit, auch wenn z.B. müde Partner vor der Umkleidekabine in einer Boutique warten, bis der andere endlich zu seinem Kaufentschluss gekommen ist. Unsere Heiß-und-Kalt-Wasserspender eignen sich hier besonders, da man zusätzlich Tee anbieten kann. Letztendlich gestaltet man seinen Kunden den Aufenthalt angenehmer, was sich positiv auf das Geschäft auswirkt. Unser Außendienst berichtet, dass die Verwendung solcher Szenarien im Verkaufsgespräch durchaus eine positive Wirkung zeigt: Der Vorteil eines Wasserspenders wird erkannt. Diese BrandKeys wird der Außendienst nun verstärkt einsetzen.

▪ Bekanntheit

❓ *Wie steigern wir die Bekanntheit unserer Marke?*

☑ *Auch wenn die Bekanntheitsbarriere für uns keine Fokusbarriere ist, legen wir zumindest Wert auf ein kontinuierliches Branding. Wir überprüfen die Einhaltung unseres Markendesigns vor jeder Freigabe sämtlichen Kommunikationsmaterials. Entsprechende Richtlinien beinhalten nicht nur Logo, Schriften und Farben, sondern auch Tonalität, Formen, etc. Solange kein Wachstum gefährdender Grund vorliegt, diese Richtlinien zu ändern, werden diese für mindestens vier Jahre beibehalten.*

▪ Erste Wahl

❓ *Bei der Markenklarheit und der Relevanz stehen wir gut da, doch wie reißen wir die Erste-Wahl-Barriere ein? In welcher Form können wir uns stärker vom Wettbewerb abheben?*

☑ *Unsere Zielgruppenstudien haben gezeigt, dass der Punkt Wasserqualität vor allem für die privaten Haushalte relevant ist. Allerdings glaubt die Zielgruppe noch nicht, dass sie von uns die Qualität bekommt, die sie fordert. Teilweise glaubt die Zielgruppe auch, dass sich unsere Wasserqualität nicht von denen anderer Wettbewerber unterscheidet. Tatsächlich ist es aber so, dass wir in diesem Punkt besser sind als der Wettbewerb. Dank unserer neuen Kooperationen mit namhaften Mineralwassermarken haben wir unsere Produktpalette erweitert. Wir bieten neben unse-*

rem Standard-Wasser auch noch zwei weitere Mineralwassermarken, die seit Langem für hohe Wasserqualität aus den besten Quellen und für eine besonders gesundheitsförderliche Versorgung mit Mineralstoffen stehen. Zudem bieten wir mit diesen Marken sowohl stilles als auch kohlensäurehaltiges Wasser an. Der Erhalt der Kohlensäure ist dabei nur dank unserer speziellen Technik rund um den Flaschenverschluss und den Zapfmechanismus möglich. Diese Auswahl an hochwertigem Mineralwasser ist es, was die privaten Haushalte anspricht. Sie müssen weder auf ihre gewohnte Wasserqualität noch auf ihre Auswahl verschiedener Wassersorten verzichten. Selbst wer sowohl stilles als auch kohlensäurehaltiges Wasser haben möchte, wird bestens bedient mit unserem Doppel-Flaschen-Spender. Die ersten Reaktionen der Zielgruppe auf diese BrandKeys waren sehr vielversprechend. Die Vielseitigkeit unserer Spender ist im Übrigen auch für die Unternehmen sehr interessant. Diese BrandKeys werden wir zukünftig gezielt in unsere Positionierung und in die gesamte Kommunikation einarbeiten – auf unserer Homepage, in Gesprächen mit dem Außendienst, in Prospekten und Flyern sowie in unseren Printanzeigen.

Kauf

 Wie bringen wir die Zielgruppe dazu, unseren höheren Preis zu akzeptieren?

☑ *Wir haben verschiedene Argumentationsketten mit der Zielgruppe getestet und ein sehr starkes Argument qualifiziert. Dabei geht es prinzipiell darum, aufzuzeigen wie wichtig die Wahl eines qualitativ hochwertigen Wassers ist bzw. wie schädlich es auf Dauer sein kann, wenn man große Mengen minderwertigen Wassers trinkt. Dieses Argument überzeugte bereits in den ersten Tests die Zielgruppe von unseren Produkten, obwohl wir preislich etwas über anderen Wasserspender liegen, denen momentan auch nur eine mindere Wasserqualität zugetraut wird.*

 Wie verbessern wir unseren Auftritt am POS?

☑ *Wie gesagt ist für uns der POS zum einen der Außendienst und zum anderen unsere Homepage. Der Außendienst ist mit sämtlichen überzeugenden Verkaufsargumenten ausgestattet worden und kann sogar dem kritischen Kunden eine Kostprobe aller Wassersorten und -marken anbieten. Zudem haben wir dafür gesorgt, dass unsere BrandKeys in der überarbeiteten Positionierung dazu genutzt werden, die*

Zielgruppe auf unsere Homepage zu bringen – sie „locken" im Internet an den richtigen Stellen. Die Erstregistrierung auf der Homepage ist ebenfalls überarbeitet worden: Sie ist einfacher und schneller, und die erste Lieferung des Spenders sowie der ersten Flasche erfolgt bereits am nächsten Morgen.

▪ Wiederkauf

◈ *Wie verhindern wir, dass selbst zufriedene Kunden zum Wettbewerb wechseln?*

☑ *Wir haben ein Treuepunkte-Programm ausgearbeitet, welches wir im nächsten halben Jahr einführen werden. Jeder Kunde erhält ein Sticker-Sammel-Buch, in das er spezielle Erfrischer-Sticker kleben kann. Jede Flasche ist mit einem solchen abziehbaren Aufkleber versehen. Alle 20 Flaschen erhält der Kunde die nächste Flasche gratis und bei jeder 100. Flasche gibt es ein hochwertiges Geschenk. Bei den Geschenken geht es natürlich immer um das Thema Wasser – Gutscheine für Freizeitbäder oder Wellness-Center und Ähnliches.*

▪ Empfehlung

◈ *Wie können wir die Empfehlungsbereitschaft aktiv fördern?*

☑ *Wir wissen bereits, dass einer Empfehlung unserer Marke theoretisch nichts im Wege steht. Es sind keinerlei Gefahren oder Risiken mit unserer Marke verbunden, und unsere Kunden erleben teilweise sogar ihre „Magic Moments," wenn Besuch kommt und von der hohen Qualität des Wassers überrascht ist. Allerdings ist das ganze Thema Wasserspender selten ein wirklich interessantes Gesprächsthema. Unsere Kategorie ist so alltäglich, dass ganz einfach wenig darüber gesprochen wird. Deshalb werden wir ein aktives Kunden-empfehlen-Kunden-Programm aufsetzen und mit dem Treuepunkte-Programm verbinden. In dem Sticker-Sammel-Buch sind Coupons enthalten, die herausgetrennt und einem Bekannten gegeben werden können. Darauf wird zum einen unsere Positionierung mit unseren stärksten BrandKeys kommuniziert. Zum anderen erhält der potenzielle Kunde alle Informationen, um sich bei uns zu registrieren und seinen ersten Spender zu bestellen. Die Kundennummer des Empfehlers ist ebenfalls angegeben, sodass dieser seinen Empfehler-Bonus erhält: Zwei Flaschen kostenlos oder ein Gutschein – ähnlich wie beim Treuepunkte-Programm.*

6. Wachstum richtig planen, prognostizieren und kontrollieren

—Vertrauen ist gut, Kontrolle ist besser —

(Deutsches Sprichwort)

Um die ganzheitliche, wachstumsorientierte Markenführung zum Abschluss zu bringen, werden nun im Nachfolgenden zum einen die drei noch offenen Markenführungsfragen aus Kapitel 3 beantwortet (Marketing- und Vertriebsplan, Return on Marketing Investment und Erfolgskontrolle). Zum anderen werden die Checklisten und Fragelisten für die erfolgreiche Anwendung des MWB-Modells zusammengefasst.

6.1. Wachstum planen: Wie leitet man einen wachstumsorientierten Marketing- und Vertriebsplan ab?

Es dürfte an dieser Stelle wenig überraschen, dass ein wachstumsorientierter Marketing- und Vertriebsplan direkt aus den identifizierten Barrieren und den BrandKeys, also den Schlüsselargumenten zur Barrieren-Überwindung, abgeleitet wird. Im vorangegangenen Kapitel wurde beschrieben, wie man gezielt BrandKeys (Kommunikationsargumente, Verbesserungen bei Produkt, Verpackung, Vertrieb, POS, Service etc.) entwickelt, um die wichtigsten Wachstumsbarrieren einzureißen. Diese Zusammenstellung der BrandKeys bzw. der Maßnahmen ist die Basis für den Marketing- und Vertriebsplan (siehe Abb. 11).

Die generelle Einteilung zwischen Marketing und Vertrieb darf dabei nicht zu strikt gesehen werden. Es geht hier vielmehr darum, an welcher Barriere eine Maßnahme angesiedelt ist. Letztendlich werden Marketingmaßnahmen die Unterstützung des Vertriebs benötigen und Vertriebsmaßnahmen die Mithilfe des Marketings.

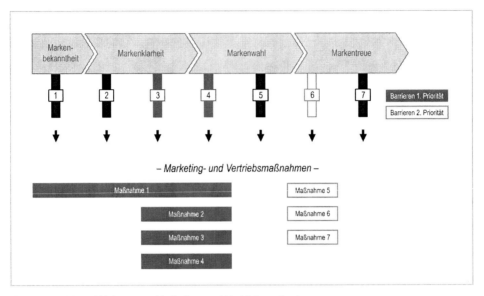

Abbildung 11: Ableitung von Marketing- und Vertriebsmaßnahmen

So macht es am Ende Sinn, zunächst einen ganzheitlichen, gemeinsamen Plan zu erstellen, der aufzeigt, auf welche Barriere(n) eine Aktion Einfluss hat. Eine Gewichtung bzw. Priorisierung der Maßnahmen kann ebenfalls aus der Priorität der Barrieren abgeleitet werden. Der Vorteil in dieser Aufstellung liegt unter anderem darin, dass jede Aktion einem direkten Nutzen zuzuordnen ist. Es gibt im Plan keine Aktion, die man in Frage stellen könnte. Sollten im Laufe des Jahres Budgetkürzungen anstehen und eine Reduktion der Maßnahmen erforderlich werden, so reicht dank der Barrierenzuordnung schon ein kurzer Blick auf den Plan, um Streichkandidaten zu erkennen: diejenigen Aktionen, die im Vergleich den geringsten Wachstumsbeitrag leisten.

Doch bevor der Marketing- und Vertriebsplan endgültig verabschiedet wird, muss noch, wie im Folgenden beschrieben wird, die Wirtschaftlichkeitsrechnung durchgeführt werden.

6.2. Wachstum prognostizieren: Wie berechnet man sein Return on Marketing Investment (ROMI)?

Die grundsätzliche Fragestellung an dieser Stelle lautet: Wie verändert sich mein Umsatz und letztendlich mein Deckungsbeitrag, wenn ich meine geplanten Maßnahmen zum Einreißen einer bestimmten Barriere umsetze? Der Zusammenhang zwischen dem Absatz und der Wachstumsbarriere(n) muss hierfür ausgearbeitet werden. Dabei stehen zwei Ansätze zur Verfügung: die einfache Prognose (erfordert weniger zusätzlich erhobene Daten) und die detaillierte Prognose (ist noch genauer, erfordert jedoch mehr Daten).

Die einfache Prognose

Schritt 1: Ableitung des Marktanteils aus dem MWB-Modell und Abgleich mit tatsächlichem Marktanteil

Dieser Schritt ermöglicht es, die Richtigkeit des aufgestellten Zusammenhangs zwischen Absatz (zunächst in Form des Marktanteils) und Wachstumsbarrieren zu überprüfen. Diese Relation muss verstanden und überprüft werden, um später mithilfe von Barrieren-Messungen z.B. in Copytests, eine valide Prognose zum erwarteten Marktanteil erstellen zu können. Zunächst leitet man einen Marktanteil aus seinem Modell ab. Der Vergleich mit dem tatsächlichen Marktanteil (aus anderen Quellen) zeigt, ob man mit den getroffenen Annahmen richtig lag oder ob man sie korrigieren muss.

Wie stellt man nun den Zusammenhang her? In manchen Kategorien mag der Marktanteil recht einfach aus der Kaufbarriere (prozentualer Anteil der Käufer einer Marke am Gesamtmarkt) abzuleiten sein. Wenn es um eine Kategorie geht, in der die Zielgruppe im betrachteten Zeitraum nur einmal einen Kauf tätigt und keine Parallelverwendung verschiedener Marken vorliegt, so sollte der absolute Prozentwert der Marke an der Kaufbarriere gleichzeitig dem Marktanteil der Marke entsprechen. In diesem Fall ist es leicht, mit Schritt 2 fortzufahren – dem Bilden von Szenarien: Steigt der absolute Prozentwert an der Kaufbarriere um zehn Prozent, so sollte auch der Marktanteil um die gleichen zehn Prozent steigen. Steigert man seine Leistung nicht direkt an der Kaufbarriere, sondern zum Beispiel an der Markenklarheitsbarriere, so lässt sich dennoch der Anstieg an der Kaufbarriere berechnen, wenn man davon ausgeht, dass die relativen Verluste von Barriere zu Barriere im Verhältnis gleich bleiben. Das entspricht kurzfristig durchaus der Realität, da man an diesen Barrieren nicht gezielt gearbeitet hat.

Doch in den meisten Kategorien sieht der Zusammenhang zwischen Kaufbarriere und Marktanteil etwas komplexer aus. Nehmen wir als Beispiel die Marke STABILO. Der Hersteller von Schreibgeräten hat für seine Leuchtmarkierer-Marke ein MWB-Modell aufgestellt und mit Daten gefüttert. Nun soll mithilfe der Daten aus dem Modell und der dazugehörigen Studie ein Marktanteil abgeleitet werden. Die Überlegungen sind wie folgt:

1. 80 Prozent der Studenten verwenden Leuchtmarkierer. Das ist der Markt der Kategorie.
2. Von diesen 80 Prozent verwenden 30 Prozent die Marke STABILO – noch genauer: STABILO swing cool.
3. Allerdings – und das ist hier der Knackpunkt – ist die Markenloyalität bei den Studenten unterschiedlich. Einige verwenden parallel dazu auch Wettbewerbsmarken. Insofern kann man nicht ableiten, dass STABILO einen Marktanteil von 30 Prozent hat.
4. Die Studie, welche die MWB-Daten lieferte, gab jedoch auch Aufschluss über die verschiedenen Loyalitätsstufen.
5. Von allen STABILO-Verwendern, nutzen …

    … 34 Prozent ausschließlich STABILO → 100 Prozent ihres Bedarfs

    … 7 Prozent überwiegend STABILO → 75 Prozent des Bedarfs (Annahme)

    … 59 Prozent überwiegend Wettbewerber → 25 Prozent des Bedarfs (Annahme)

6. Vor diesem Hintergrund erhält STABILO …

    … zehn Prozent des Kategoriebedarfs (34 Prozent von 30 Prozent mal 100 Prozent)

    … zwei Prozent des Kategoriebedarfs (7 Prozent von 30 Prozent mal 75 Prozent)

    … vier Prozent des Kategoriebedarfs (59 Prozent von 30 Prozent mal 25 Prozent)

7. Aufsummiert ergibt das 16 Prozent des Kategoriebedarfs, was mit dem Marktanteil gleichzusetzen wäre.
8. Diese 16 Prozent werden mit dem Marktanteil abgeglichen. Liegt man nahe dran, so kann man mit den Annahmen weiterarbeiten. Liegt man zu weit weg, so müssen die Annahmen überprüft und korrigiert werden.

An dieser Stelle wird bereits klar, dass das gesamte Rechenmodell keine 100-prozentige Trefferquote garantiert. Da mit Annahmen gearbeitet wird, wird die Realität mit großer Wahrscheinlichkeit am Ende etwas abweichen. Dennoch ist diese Vorgehensweise weitaus hilfreicher und wirtschaftlicher, als sich von der tatsächlichen Wirkung einer Maßnahme quasi überraschen zu lassen (Wachstum per Zufall).

Schritt 2: Szenarien bilden

Nun wird die angenommene Veränderung im MWB-Modell simuliert. Wie bereits erwähnt, ist die Szenarienbildung im Falle eines direkten Zusammenhangs zwischen Kaufbarriere und Marktanteil recht einfach. In einem komplexeren Fall helfen jedoch die vorangegangenen Überlegungen.

Fahren wir mit dem STABILO-Fall fort. Egal, ob die Steigerung der Kaufbarriere direkt erfolgt (Maßnahme, welche die Kaufbarriere einreißen soll) oder indirekt (Maßnahme, welche zunächst eine der Barrieren vor der Kaufbarriere einreißt und somit zur Steigerung des absoluten Wertes an der Kaufbarriere beiträgt) – es gilt zu berechnen, was dies für den Marktanteil bedeuten wird.

Ein Szenario für STABILO könnte sein: Steigerung der Verwenderschaft (Kaufbarriere) von ehemals 30 Prozent (absoluter Wert) auf zukünftig 40 Prozent *und* Steigerung der Loyalität unter den Verwendern. Für die Loyalität bedeutet das konkret die Vergrößerung der Gruppe der absolut loyalen Studenten von 34 auf 44 Prozent und die Verkleinerung der Gruppe der wenig loyalen Studenten von 59 auf 49 Prozent. Der Anteil halbwegs loyaler Studenten bleibt unverändert bei 7 Prozent. Analog zur Berechnung des Marktanteils in Schritt 1 ergibt sich mit diesen Zahlen ein neuer zukünftiger Marktanteil von 25 Prozent. Recht ambitioniert, könnte man sagen.

Ein weniger ambitioniertes Szenario könnte folgendermaßen aussehen: Steigerung der Verwenderschaft von 30 auf 35 Prozent *und* abermals ein neues Loyalitätsverhältnis von 44 Prozent, 7 Prozent und 49 Prozent. In diesem Fall läge der neue zukünftige Marktanteil bei 22 Prozent. Ein „Richtig" oder „Falsch" gibt es bei den beiden Szenarien nicht. Man muss sich aufgrund seiner Erfahrung mit Marktanteilsentwicklungen aus der Vergangenheit für ein Szenario entscheiden . Wie viel lässt sich erfahrungsgemäß im Markt wirklich bewegen? Wie stark können sich Marktanteile tatsächlich verändern?

Ein besseres Gefühl für die tatsächlich mögliche Verbesserung an bestimmten Barrieren geben einem immer die Resultate von Pre-Market-Tests – sei es das Verbalkonzept, das die Basis der Kommunikation bildet, sei es die kreative Verkaufsidee (z.B. in Form von Storyboards oder Kreativ-Entwürfen) oder die fertige kreative Umsetzung. Wichtig ist, dass man entsprechende Fragen in der Qualifizierung stellt: Wie war die Kaufabsicht vor dem Test und wie hoch war sie, nachdem die geplante Maßnahme (z.B. eine Kampagne) vorgestellt wurde. Auf dieser Basis kann man besser beurteilen, welches Szenario am realistischsten ist.

Schritt 3: Einschätzung des ROMI

Der letzte Schritt beurteilt die Wirtschaftlichkeit der geplanten Maßnahmen. Nachdem man bereits weiß, welche Änderungen theoretisch mit den geplanten Maßnahmen erreicht werden können, muss man nun noch verstehen, in welchem Verhältnis der entsprechende Umsatz zur erforderlichen Investition steht.

Da in der Regel die aktuellen Werte für Absatz, Umsatz und Marktanteil bekannt sind, muss lediglich die erwartete Steigerung des Marktanteils auf die Absatzmenge bzw. die Umsatzhöhe übertragen werden.

Die benötigte Investition hingegen kann am besten die Mediaagentur darlegen. Sie berechnet, wie viel investiert werden muss, damit die Zielgruppe erfolgreich erreicht werden kann. Nur dann kann man von den gleichen Ergebnissen und Verhaltensänderungen ausgehen, wie man sie beispielsweise im Copytest schon gesehen hat. Stehen Investition und erwarteter Anstieg von Umsatz bzw. Deckungsbeitrag in einem wirtschaftlich sinnvollen Verhältnis, so steht der Umsetzung der Maßnahmen nichts mehr im Wege.

Wer jedoch über mehr Möglichkeiten hinsichtlich Datenerhebung verfügt, wird statt der einfachen Prognose eine detaillierte Prognose durchführen. Diese berücksichtigt noch weitere Einflüsse und Marktgegebenheiten, wie zum Beispiel den Einfluss wichtiger Meinungsführer auf die Entscheidung des potenziellen Käufers. Auf diese Weise kann die Realität noch genauer dargestellt und die Prognose mit einer noch höheren Eintrittswahrscheinlichkeit erstellt werden.

Die detaillierte Prognose

Schritt 1: Die Beziehung herstellen zwischen dem MWB-Modell und Marktergebnissen

Ähnlich wie bei der einfachen Prognose gilt es zunächst, die Beziehung zwischen den Zahlen im Modell und den Zahlen im Markt herzustellen. Ohne ein Verständnis für diese Relationen kann man später keine überzeugende Verbindung zwischen prognostizierten Zahlen im Modell und erwarteten Änderungen im Markt aufzeigen. Bei einfachen MWB-Modellen, die nur mit einer Zielgruppe arbeiten, kann man analog zur einfachen Prognose zunächst den Barrierenwert bestimmen, der die höchste Korrelation mit dem Marktanteil aufweist. Häufig sind das die erste Wahl oder die Kaufabsicht einer Marke. Diese

Werte werden als KPIs (Key Performance Indicators) definiert und genutzt. Danach kann man mittels Regressionsanalyse die Marktanteilsfunktion bestimmen, mit der sich aus dem erwarteten KPI der Marktanteil errechnen lässt.

In einigen Kategorien spielen allerdings mehrere Zielgruppen, die alle den letztendlichen Entscheider beeinflussen, eine Rolle. Diese Einflüsse sind ebenfalls zu berücksichtigen.

Beispiele hierfür findet man im Bereich des Hausbaus bzw. des Modernisierens. Ob es um die Fenster, das Heizsystem, die Elektrizität oder die Wasserversorgung geht, es haben noch weitere Personen wie der Architekt, der Installateur, oder der Innenausstatter einen gewissen Einfluss auf die letztendliche Entscheidung durch den Bauherren. Die Meinung dieser beeinflussenden Personengruppen zur eigentlichen Marke wird höchstwahrscheinlich unterschiedlich sein. Es gilt also, sowohl deren Einflussstärke als auch deren eigene Marken-Meinung zu berücksichtigen. In diesen Fällen muss man den KPI „Kaufwahrscheinlichkeit" berechnen, statt ihn direkt aus dem Modell abzulesen. Hierzu werden die Bauherren/Modernisierer selbst gefragt, wie sehr andere Meinungsführer ihre Entscheidung beeinflussen. Auf diese Art und Weise entsteht ein „Kräfteverhältnis" bzw. „Einflussverhältnis", welches man in die Kaufwahrscheinlichkeit integrieren kann. So mag der Wert bei erste Wahl bei den Installateuren bei 19 Prozent liegen (bei den Bauherren/Modernisierern hingegen nur bei 16 Prozent). Allerdings beeinflusst der Installateur die Entscheidung des Bauherren/Modernisierers nur zu 9,7 Prozent. Insgesamt fließen die Installateure also mit einem Wert von 1,8 Prozentpunkten (9,7 Prozent von 19 Prozent) in die Berechnung der Kaufwahrscheinlichkeit mit ein. (siehe Abb. 12)

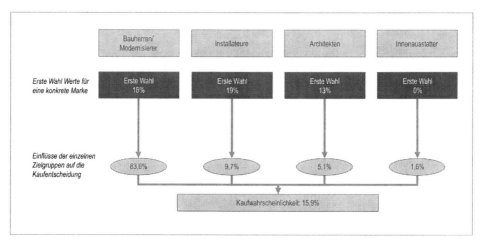

Abbildung 12: Fiktives Beispiel für die Berechnung der Kaufwahrscheinlichkeit unter Berücksichtigung mehrerer (den Entscheider beeinflussenden) Zielgruppen

Als Nächstes wird die Korrelation zwischen dem berechneten oder auch direkt aus dem Modell abgelesenen KPI mit dem tatsächlichen Marktanteil überprüft. Korrelationskoeffizienten von 0,8 und mehr sind durchaus üblich und beweisen, dass man seinen maßgeblichen KPI gefunden hat. Mithilfe einer Regressionsanalyse wird anschließend die Formel abgeleitet, mit der man den Marktanteil in Abhängigkeit vom KPI berechnen bzw. zu einem späteren Zeitpunkt prognostizieren kann. Dieser erste Schritt – die Beziehung zwischen dem Modell und der Realität – ist auch für die allgemeine Akzeptanz des Modells so wichtig. Viele Modelle – und damit ihre Ergebnisse – werden aufgrund ihrer Distanz zur Realität in Frage gestellt. Die logisch bewiesene Beziehung zwischen Modell und tatsächlichen Marktgegebenheiten überzeugt hingegen auch den größten Skeptiker und sichert damit ein erfolgreiches Arbeiten mit dem Modell.

Schritt 2: Optimierung der Maßnahmen im Hinblick auf den KPI

In sämtlichen Tests, die auf dem Weg zur Umsetzung einer Maßnahme durchgeführt werden sollten, kann man überprüfen, ob man seinen gewünschten KPI erreichen wird. Bereits eine Qualifizierung des Kommunikationskonzeptes zeigt beispielsweise, wie sich die Kaufabsicht der Zielgruppe ändern würde. Hierzu befragt man die Zielgruppe einmal zu Beginn der Qualifizierung zu den entsprechenden Barrieren im eigenen MWB-Modell. Nachdem man dann das neue Konzept/die neuen Konzepte vorgestellt hat, werden abermals die Barrieren abgefragt, um die erreichte Verbesserung zu messen. Ähnlich verfährt man im Verlauf der Maßnahmenentwicklung, wenn zum Beispiel eine neue Verpackung, ein ausgearbeitetes Loyalitätsprogramm oder eine TV-Copy getestet werden. Ein quantitativer Pre-Market-Test mit fertig gestellten Maßnahmen ist die letzte Überprüfung vor der eigentlichen Einführung der Maßnahme, mit der gemessen werden kann, inwieweit der KPI verbessert werden kann bzw. das neue geplante KPI-Ziel erreicht wurde (KPI-Shift). Hierbei ist zu beachten, dass der im Pre-Test gemessene KPI-Wert der maximal mögliche Wert ist, wenn man 100 Prozent seiner Zielgruppe erreicht. Schließlich wurden in dem Pre-Test alle Probanden mit dem Testmaterial konfrontiert. Dementsprechend ist im Folgenden nun noch eine Bewertung nötig, wie hoch der im Markt zu erreichende KPI-Shift sein kann.

Schritt 3: Prognose des erreichbaren Wachstums

Nur wenn die in eine Maßnahme eingebettete Botschaft die Zielgruppe mit einer ausreichenden Häufigkeit erreicht, kann der im Pre-Market-Test gemessene KPI-Shift auch in der Realität erwartet werden. Mithilfe der Mediaagentur wird dementsprechend der Nettoreichweiten-Aufbau in der effektiven Kontaktklasse berechnet. Dies kann für alternative Budget-Szenarien geschehen, um die unterschiedlichen Auswirkungen verschiedener Budgets zu vergleichen und besser über Maßnahmengröße und -dauer entscheiden zu können. So kann man recht genau vorhersagen, wie sich die Marke an einer bestimmten Fokusbarriere entwickeln wird, wenn man seine BrandKey basierte Maßnahme wie geplant und mit einem adäquaten Budget umsetzt. Mithilfe der zuvor berechneten Regressionsfunktion kann man schließlich die erwartete Entwicklung des Marktanteils aus der prognostizierten KPI-Entwicklung ableiten.

Da nun sowohl die benötigten Investitionen als auch die dazugehörige erwartete Entwicklung des Marktanteils bekannt sind, kann der ROMI für die verschiedenen Budgetszenarien errechnet werden. Auf dieser Basis lassen sich wohlüberlegte und nachvollziehbare Investitionsentscheidungen der Markenführung treffen.

6.3. Wie kontrolliert man seinen Wachstumserfolg?

Da sich mit dem Prognoseschema nicht nur der Endzustand (Marktanteil nach x Perioden), sondern auch der Weg dorthin berechnen lässt, ist solch ein kontinuierliches Controlling möglich. In Kombination mit einer rollierenden Erhebung der MWB-Daten kann auf diese Weise sehr genau nachvollzogen werden, ob die Maßnahmen wie geplant den KPI verbessert haben und wie sich das auf die Entwicklung des Marktanteils ausgewirkt hat. Es kann sogar ermittelt werden, inwieweit die Gründe hinter den Barrieren mit den Markenführungsmaßnahmen adressiert werden konnten. Aus diesen Erkenntnissen kann man ableiten, welche Maßnahmen in Zukunft weiterverfolgt werden, welche optimiert werden müssen und welche nicht mehr vonnöten sind. Mit einem solch integrierten Prognose- und Kontrollschema bestehend aus Pre-Market- und Post-Market-Tests hat man alles, was man braucht, um Jahr für Jahr gezielt neues Wachstum zu erzielen.

Es ist also vorteilhaft, die Datenerhebung für das MWB-Modell regelmäßig alle ein bis zwei Jahre (je nach Kategorie) oder sogar rollierend durchzuführen. In vielen Fällen wird keine komplett neue Studie aufgesetzt, sondern vielmehr bestehende Studien zum Image, zu Verhalten und Einstellungen, zur Werbung etc. um die MWB-relevanten Fragen erweitert. Dies ist mit vertretbarem Kostenaufwand machbar. Fakt ist: Je häufiger die

MWB-Daten erhoben werden, desto genauer kann man seinen Wachstumserfolg nachvollziehen.

Die Basiskontrolle des Wachstumserfolgs ist recht einfach zu gestalten: Für alle Barrieren im Modell werden die Daten (eigene Marke und Wettbewerber) erneut erhoben. Es ist hierbei darauf zu achten, dass es sich um die gleiche Zielgruppe und die gleichen Wettbewerber handelt. Auch dieses Mal werden sowohl die absoluten als auch die relativen Werte (der Verlust von einer Barriere zur nächsten) der Marken betrachtet. Die Kernfrage lautet: Haben sich diejenigen Wachstumsbarrieren bzw. der KPI an diesen Barrieren tatsächlich positiv entwickelt? Und wenn ja, in welchem Maße? Zuvor hatte man sein Ziel innerhalb des Kategoriekorridors (zwischen einem selbst und dem besten Wettbewerber) gelegt. Hat man sein Ziel tatsächlich erreicht? Welche Änderung bei den absoluten Werten, insbesondere bei Kauf und Wiederkauf, konnten die veränderten relativen Werte hervorrufen?

Interessant ist in diesem Zusammenhang zu erfahren, welche Verbindung zwischen Resultaten beispielsweise von Copy-Tests und der späteren Entwicklung der Barriere bzw. den später gemessenen KPIs und dem damit verbundenen Abverkauf besteht. Hier wird man mit der Zeit eine sehr wertvolle Datenbank an Erfahrungswerten aufbauen können. Mit diesen Erfahrungswerten werden sich zukünftige Wachstumsprognosen noch genauer und realistischer erstellen lassen. Hat zum Beispiel ein Copytest ergeben, dass sich der Verlust von der Relevanzbarriere zur Erste-Wahl-Barriere um 30 Prozent vermindert hat (im Vergleich zur Zielgruppeneinschätzung vor dem Test), so kann man zunächst nur vermuten, was das für die wirkliche Barrierenentwicklung bedeutet. Verringert sich der Verlust von Relevanzbarriere zur Erste-Wahl-Barriere auch außerhalb des Teststudios im selben Maße, nachdem die Kampagne gefahren wurde? Oder sollte man hier vorsichtiger kalkulieren und mit einem verminderten Verlust um die 15 Prozent rechnen? Mit jeder MWB-Runde wird man ein besseres Gefühl dafür bekommen, wie genau die Zusammenhänge zwischen Testresultaten und tatsächlicher Auswirkung auf Barrieren aussehen.

Doch nicht nur die eigentliche Entwicklung der Barrieren ist von großem Interesse. Um in Zukunft sein Wachstum noch gezielter und zuverlässiger zu erreichen, muss man verstehen, wie genau das neue Wachstum dieses Mal erreicht wurde. Was sind die Ursachen für die neue Entwicklung der Barrieren? Neben der klassischen Diagnostik, wie sie in Kapitel 4 beschrieben wurde, kann man nun noch die Wirkung der eigenen Maßnahmen überprüfen. Schließlich hat man eine ganze Reihe von Maßnahmen entwickelt und umgesetzt, die auf eine positive Veränderung an bestimmten Barrieren abzielten. Doch waren es tatsächlich diese Maßnahmen, welche die positive Veränderung bewirkt haben? Oder hat eine andere Aktion – vielleicht sogar eine unzulängliche Aktion des Wettbewerbs – die Entwicklung an den Barrieren verursacht?

Um die genauen Ursachen der Barrierenentwicklung zu verstehen, bindet man im Idealfall weitere Fragestellungen in die Studie ein, welche auch die MWB-Daten erhebt. Hierbei konzentriert man sich auf die Barrieren, die man beeinflussen wollte. Zu diesen Barrieren werden Fragen gestellt, die ergründen sollen, inwieweit die umgesetzten Maßnahmen einen direkten Einfluss gehabt haben. So kann zum Beispiel im Rahmen der Erste-Wahl-Barriere gefragt werden, was denn das Besondere an der Marke ist, weshalb sie zur ersten Wahl wird. Deckt sich dies mit den Inhalten der Kommunikation? Es kann zudem gefragt werden, woher der Befragte dies weiß. Wo hat er darüber gelesen, gehört? Ging es um die Wiederkaufbarriere, so kann man fragen, warum der Befragte nicht zum Wettbewerb gegriffen hat. Konnte er sich besser erinnern? War er zuvor besonders zufrieden mit dem Produkt? Warum haben ihn Wettbewerbsangebote nicht angesprochen?

Die gezielten Maßnahmen, die man eingesetzt hatte, um die ein oder andere Barriere einzureißen, werden niemals die einzigen Einflüsse auf das Verhalten der Zielgruppe gewesen sein. Trotzdem bekommt man auf diese Weise ein erstes Bild davon, wie einflussreich die gezielten Maßnahmen gewesen sind. Diese Erkenntnis, die mit der Zeit einen wichtigen Erfahrungsschatz bildet, wird jede zukünftige Entscheidung für oder gegen eine Maßnahme sowie Entscheidungen zur genauen Gestaltung der Maßnahme erleichtern.

6.4. Die Erfüllung der zehn Anforderungen an ein wachstumsorientiertes Markenführungsmodell

Die Anwendung für viele Marken in unterschiedlichen Branchen zeigt, dass das MWB-Modell alles bietet, was man für eine wachstumsorientierte Markenführung an Vorgehensweisen und Systematiken benötigt. Allein die einmalige Durchführung des Modells selbst ohne detaillierte Prognose und ohne den Aufbau einer Kontroll-Datenbank ist schon ein enormer Schritt in Richtung Markenwachstum – gezielt und nicht per Zufall. Selbst in seiner einfachsten Form erfüllt das Modell sämtliche Anforderungen wachstumsorientierter Markenführung.

Rufen wir uns Folgendes in Erinnerung: Es wurde nach einem Modell gesucht, das folgende Anforderungen zu erfüllen hatte:

Werden die zehn Anforderungen *an ein wachstumsorientiertes Markenführungsmodell vom MWB-Modell erfüllt?*

1. **Wirkung** ✔
   Die Konzentration auf Verbesserungen an den zentralen Fokusbarrieren stellt sicher, dass klare Ziele definiert und konkrete Wirkungen festgelegt werden, um das größtmögliche Wachstum zu erzielen.

2. **Verständnis** ✔
   Die drei Schritte des Modells „Barrieren identifizieren", „Barrieren verstehen" und „Barrieren überwinden" ermöglichen den Aufbau eines umfangreichen Verständnisses für die Gesamtsituation der Marke und für die Nutzung ihres Potenzials.

3. **Maßnahmenplanung** ✔
   Durch die Konzentration auf die Fokusbarrieren auch während der Maßnahmenplanung stellt das Modell sicher, dass alle relevanten Maßnahmen berücksichtigt werden, ohne sich von Plänen der Vergangenheit einschränken zu lassen.

4. **Umfeldbetrachtung** ✔
   Das Modell bindet bei der Suche nach Ursachen sowie Lösungen und Maßnahmen auch benachbarte Bereiche des Marketings wie z.B. Forschung und Entwicklung, Vertrieb, Produktion oder Einkauf ein.

5. **Glaubwürdigkeit** ✓
Durch die Herstellung einer logisch nachvollziehbaren und mit Daten belegbaren Verbindung zwischen den KPIs im Modell und den tatsächlichen Marktgegebenheiten wird das Modell realistisch und glaubwürdig.

6. **Praxisnähe** ✓
Das Modell arbeitet in Bezug auf Lösungen überwiegend mit BrandKeys (Schlüsselargumente zur Barrierenüberwindung), welche von Natur aus konkrete Botschaften sind, die mit geeigneten Maßnahmen an die Zielgruppe gesendet werden können. Diese Art Handlungsanweisungen lassen sich deshalb auch in der Praxis bestens umsetzen. Zudem wird das Modell von einer Reihe hilfreicher Vorlagen für Marktforschung und Checklisten für die Markenführung begleitet.

7. **Kontrollfunktion** ✓
Durch die Identifikation von geeigneten KPIs innerhalb des Modells und durch die Herstellung einer klaren Verbindung zur Marktrealität stellt das Modell sicher, dass Maßnahmen und deren Wirkung sowohl prognostizierbar als auch messbar und kontrollierbar sind.

8. **Systematik** ✓
Das gesamte Modell zeichnet sich durch eine klare Systematik mit konkreten Schritten und Vorgehensweisen aus. So stellt das Modell beispielsweise durch die Konzentration auf bestimmte Fokusbarrieren und die gezielte Suche nach deren Ursachen sicher, dass sämtliche Daten, Zahlen und Fakten systematisch betrachtet werden. Auf diese Weise versteht man die Gesamtsituation richtig und vermag Erkenntnisse klar zu deuten.

9. **Ressourcenplanung** ✓
Indem für jede Fokusbarriere in verschiedenen Unternehmensbereichen (neben dem Marketing auch im Vertrieb oder der F&E) nach der bestmöglichen Lösung gesucht wird, lässt das Modell einen Plan entstehen, welcher a) auf Wachstum ausgerichtet ist, b) Prioritäten, Maßnahmen und Verantwortlichkeiten sinnvoll festlegt und c) Budgets entsprechend wirkungsvoll einsetzt.

10. **Wirtschaftlichkeit** ✓
Durch die Korrelation zwischen den KPIs im Modell und den tatsächlichen Marktgegebenheiten sind genaue Prognosen mit dem Modell jederzeit möglich. Mithilfe dieser Prognosen können erwartete Änderung bzgl. Marktanteil, Absatz oder Umsatz vorausgesagt werden und somit die Wirtschaftlichkeit der geplanten Maßnahmen bzw. der Return on Marketing Investment vorab überprüft werden.

Fazit

Exzellente Markenführung ist ein Wachstumsturbo. Um diesen in vollem Umfang nutzen zu können, benötigt man ein klares, wachstumsorientiertes Markenführungsmodell, das konkrete Handlungsanleitungen zum Ergebnis hat. Entscheidend ist, dass man sich bewusst macht, welche Barrieren einem auf dem Weg zu mehr Wachstum im Wege stehen und wie man sie überwinden kann. Dann kann jede Marke wachsen!

Das Modell der Markenwachstumsbarrieren (MWB) ist dafür ideal geeignet. Es leitet nicht nur die zentralen Fokusbarrieren entlang des Kaufentscheidungsprozesses ab, sondern öffnet auch die Augen für die hinter den Barrieren liegenden Gründe. Diese können sowohl real sein (tatsächliche Schwächen im Unternehmen) oder nur von der Zielgruppe so wahrgenommen werden („falscher" Eindruck der Zielgruppe). Erstere lassen sich mit dem Handwerkskasten von Marketing und Vertrieb, gelegentlich auch von benachbarten Bereichen wie der Produktentwicklung adressieren. Die wahrgenommenen Barrieren jedoch müssen mithilfe von BrandKeys (Schlüsselargumenten) überwunden werden. Diese Argumentationsketten, mit denen man die ablehnende Haltung seiner Zielgruppe in Zustimmung verwandelt und Kaufabsicht für die eigene Marke auslöst, können an fast allen Barrieren des Kaufentscheidungsprozesses genutzt werden.

Ein BrandKey verleiht der Markenpositionierung die nötige Differenzierungskraft. Er verhilft der Marke, deutlich relevanter, ja sogar erste Wahl zu werden. Beim Thema Wiederkauf kann ein BrandKey den Unterschied zwischen Produktzufriedenheit und Produktunzufriedenheit ausmachen. Und schließlich hilft der richtige BrandKey, die Zielgruppe zu begeisterten Anhängern der eigenen Marke zu machen und sie für eine Empfehlung zu gewinnen.

Hat man einmal die Macht von BrandKeys erkannt und erlebt, so wird deutlich, worin die eigentliche Herausforderung der Markenführung besteht: nicht darin, am Markenauftritt, an Kampagnen oder Innovationen zu feilen, sondern darin, die zentralen Wachstumsbarrieren zu identifizieren und sie systematisch mit BrandKey getriebenen Maßnahmen auszuhebeln. Im Klartext heißt das: Geben Sie sich nie wieder mit Marketing- und Kommunikationsmaßnahmen zufrieden, die keine konkrete Wachstumsbarriere überwinden! Lassen Sie sich nicht mit Marketing-Plattitüden wie etwa „Wir müssen die Marke emotional aufladen" abspeisen. Bohren Sie solange nach, bis Strategien und Maßnahmen logisch nachvollziehbar das Wachstum Ihrer Marke fördern. So bleibt Markenführung kein Hexenwerk, sondern wird transparent, zielorientiert und für jeden verständlich.

Bei der systematischen und logisch nachvollziehbaren Überwindung von Wachstumsbarrieren hat das MWB-Modell seine große Stärke. Dennoch ist dies ist nicht sein einziger Vorteil. Denn konsequent angewendet, lässt sich aus dem Modell heraus die gesamte Leistung der Markenführung sowohl messbar als auch ökonomisch nachvollziehbar machen. Dies ist gerade auch in wirtschaftlichen Krisen von Bedeutung, wenn die Finanzierung von Markenführungsmaßnahmen auf dem Prüfstand steht und es auf höchste Effizienz ankommt.

Nutzt man alle Vorteile, die das Modell der Markenwachstumsbarrieren bietet, so kommt man dem Ideal einer wachstumsorientierten Markenführung, die Markterfolg planbar macht, sehr nahe. Boom oder Krise, Marktführer oder Herausforderer, Produkte oder Dienstleistungen, Weltkonzern oder Start-up – wer die Strahlkraft seiner Marke, ihre Faszination, ihre Chancen und Möglichkeiten, kurz ihr ganzes Potenzial gezielt einzusetzen weiß, wird in jedem Umfeld und in jeder Situation Wachstum erzielen. Das MWB-Modell liefert die Grundlagen dafür.

Setzen Sie das Modell für sich ein! Selbst wer nach der Lektüre dieses Buches und der Kenntnis all der vorgestellten Erfolgsbeispiele immer noch skeptisch ist, wird spätestens nach den ersten Ergebnissen aus dem Einsatz des Modells überzeugt sein. Nutzen Sie die nachfolgenden Fragelisten und Checklisten, um Ihre Marke möglichst schnell und gezielt auf Wachstumskurs zu bringen. Sie werden bald zu wertvollen Erkenntnissen kommen. Und falls Sie Fragen haben, Unterstützung brauchen oder einfach mit uns über das Modell diskutieren wollen – sprechen Sie uns an. Wir freuen uns auf gute Gespräche!

Ralph Krüger   Andreas Stumpf

r.krueger@a-m-c.biz   www.a-m-c.biz   a.stumpf@a-m-c.biz

Checklisten und Fragelisten

 Schritt 1: Wachstumsbarrieren identifizieren

- **Verständnis der sieben Standard-Barrieren:**

1. Bekanntheitsbarriere

   Ein Teil der Zielgruppe hat von der Marke noch nicht gehört/nichts gesehen.

2. Markenklarheitsbarriere

   Ein Teil der Zielgruppe hat zwar bereits von der Marke gehört bzw. etwas gesehen, kann aber nicht genau sagen, wofür die Marke steht.

3. Relevanzbarriere

   Ein Teil der Zielgruppe hat zwar eine Vorstellung davon, wofür die Marke steht, zieht sie für sich persönlich jedoch nicht in Erwägung.

4. Erste-Wahl-Barriere

   Ein Teil der Zielgruppe zieht die Marke zwar neben anderen in Erwägung, doch die erste Wahl ist sie nicht.

5. Kaufbarriere

   Ein Teil der Zielgruppe kauft eine Wettbewerbsmarke, obwohl die eigene Marke auch in Frage kam, vielleicht sogar erste Wahl war.

6. Wiederkaufbarriere

   Ein Teil der Zielgruppe kauft die Marke kein zweites Mal, sondern entscheidet sich für einen Wettbewerber.

7. Empfehlungsbarriere

   Ein Teil der Zielgruppe hat zwar eine Marke wiederholt gekauft, empfiehlt diese aber dennoch nicht aktiv weiter.

▪ Drei Schritte zur Erstellung des eigenen MWB-Modells

1. Was sind die Voraussetzungen für einen Kauf?

   Was muss theoretisch alles geschehen, damit die Zielgruppe am Ende die eigene Marke kauft? Welche Barrieren müssen überwunden werden?

2. Wo können überall Barrieren liegen?

   An welchen Punkten entlang des oben beschriebenen Prozesses könnte man einen potenziellen Kunden „verlieren"?

3. Welche Barrieren sind sinnvoll?

   Welche Barrieren können zumindest theoretisch eingerissen werden? Barrieren, auf die man überhaupt keinen Einfluss hat, müssen nicht unbedingt aufgenommen werden.

▪ Zu beachten, wenn man mit „gebrauchten" Daten arbeitet:

1. Die befragte Zielgruppe muss dieselbe sein.
2. Die Erhebungszeiträume müssen weitestgehend übereinstimmen.
3. Es müssen möglichst dieselben Wettbewerber untersucht werden, um Lücken in der Barrieren-Entwicklung zu vermeiden

 Schritt 2: Wachstumsbarrieren verstehen

▪ Bekanntheitsbarriere: Thema Branding – Fragestellung:

→ Ist die eigene Marke einprägsam und aufmerksamkeitsstark?

→ Kann man sich Markennamen, Logo und Slogan gut merken?

→ Wie sehr unterscheiden sich der Markenname und das Logo von denen des Wettbewerbs oder angrenzender Branchen?

→ Wie dominant sind Markenname und Logo in der Kommunikation?

→ Wie einheitlich ist die Kommunikation in den letzten fünf Jahren gewesen?

→ Könnte man eine Anzeige der Marke zuordnen, selbst wenn Markenname und Logo gelöscht würden?

- **Markenklarheitsbarriere: Thema Markenpositionierung – Fragestellungen:**

→ Ist die Positionierung fokussiert und eindeutig?

→ Gibt es mit der Zielgruppe qualifizierte (rationale) Gründe, welche die Positionierung glaubwürdiger, unverwechselbar und begehrenswerter machen?

→ Kommt sie in allen Bereichen – Kommunikation, Packaging, Point-of-Sale, Hotline etc. – zum Tragen?

- **Relevanzbarriere: Thema Positionierung und Basiskriterien – Fragestellungen:**

→ Inwieweit nimmt die Zielgruppe die Marke so wahr, wie die Positionierung dies beabsichtigt?

→ Wird die Markenpositionierung von der Zielgruppe akzeptiert – ist sie für die Zielgruppe von höchster Relevanz?

→ Erfüllt die Marke bzw. ihre Produkte aus Sicht der Zielgruppe die wichtigsten Kriterien der Kategorie (Basiskriterien) – und zwar mindestens so gut wie der Wettbewerb?

→ Ist eine Marke auf einem Basiskriterium positioniert: Gelingt es ihr, diesen Nutzen deutlich glaubwürdiger zu vermitteln als der Wettbewerb

- **Erste-Wahl-Barriere: Thema Ablehnung des Markenversprechens durch die Zielgruppe – Fragestellungen:**

Der Teil der Zielgruppe, der an dieser Barriere hängen bleibt, wird in 90 Prozent der Fälle einen von drei Ablehnungsgründen haben:

→ Ich brauche den angepriesenen Nutzen nicht. Denn …!

→ Ich habe den Nutzen schon. Und zusätzlich bekomme ich von meiner Marke …!

→ Ich glaube nicht, dass die Marke den Nutzen tatsächlich bietet. Denn …!

Man muss zunächst verstehen, welcher dieser drei Barrierentypen zum Tragen kommt und welche Begründungen dahinter stecken, um im Anschluss die passenden und somit überzeugenden Argumente entwickeln zu können.

- **Kaufbarriere: Thema Preis und POS – Fragestellungen:**

→ Ist der höhere Preis der Marke ein ausschlaggebender Grund für die Entstehung der Kaufbarriere?

→ Finden aufgrund einer mangelhaften Distribution oder Platzierung zu wenig Käufe statt?

→ Verhindert der Tabu-Charakter der Kategorie oder der Marke einen verstärkten Absatz?

→ Fördert das Verkaufspersonal den Absatz nicht ausreichend?

- **Wiederkaufbarriere: Thema Produktenttäuschung und Kundenbindung – Fragestellungen:**

→ Wie gut schneidet die Marke in den wirklich wichtigen Kriterien ab?

→ Was sind, basierend auf der gesamten Marken-Kommunikation, die wirklichen Produkterwartungen der Zielgruppe?

→ Wie sehr stimmen diese Produkterwartungen mit dem eigentlichen Produkterlebnis überein?

→ Gibt es ein Kundenbindungsprogramm?

→ Hilft das Kundenbindungsprogramm dem Kunden, sich beim nächsten Einkauf wieder an die richtige Marke zu erinnern?

→ Ist das Kundenbindungsprogramm so konzipiert, dass es gezielt dem Wettbewerb das „Abwerben" erschwert?

- **Empfehlungsbarriere: Thema Empfehlungsbereitschaft und Image – Fragestellungen:**

→ Ist die Zielgruppe nicht ausreichend begeistert, um von sich aus die Marke weiter zu empfehlen?

→ Hat die Zielgruppe Bedenken bezüglich der Sicherheit der Produkte und empfiehlt die Marke deshalb nicht aktiv weiter?

→ Ist es der Zielgruppe aufgrund eines negativen Markenimages unangenehm, mit der Marke in Verbindung gebracht zu werden?

→ Ist es der Zielgruppe aufgrund von Tabuthemen unangenehm, mit der Marke in Verbindung gebracht zu werden?

 Schritt 3: Wachstumsbarrieren überwinden

- **Bekanntheitsbarriere:**

Überwindung von realen Barrieren:

Vergleichsweise geringes Werbebudget

→ Nur investieren, wenn die effektive Kontakthäufigkeit erreicht werden kann.

→ Sich auf die Kernzielgruppe konzentrieren.

→ Den Kontakt so nah wie möglich an die Kaufentscheidung heranrücken.

Branding

→ Ständige, aufmerksamkeitsstarke Präsenz des Markenlogos, -namens und gegebenenfalls Produktnamens.

→ Strikte, langfristige Einhaltung der Corporate-Design-Richtlinien (Farbtöne, Formen, Schriften, Tonalitäten, etc.).

Überwindung von wahrgenommenen Barrieren:

(Vermutete) Wahrnehmung durch andere

→ Ist die Wahrnehmung „der anderen" für die Zielgruppe sehr wichtig, so muss auch die Bekanntheit im Umfeld gesteigert werden.

- **Markenklarheitsbarriere:**

Überwindung von wahrgenommenen Barrieren:

Einen Markenfokus finden und beibehalten

→ Ein Basiskriterium auswählen, mit dem man nachgewiesenermaßen das stärkste Kaufinteresse bei der Zielgruppe erzielt.

→ Überprüfen, ob das Basiskriterium zur Marke passt.

→ Das Basiskriterium als Grundpfeiler für den gesamten Markenauftritt nutzen (Kommunikation, Produkte, Verpackung, POS-Auftritt, Auftreten und Verhalten von Mitarbeitern etc.).

→ Sicherstellen, dass der Markenfokus über einen längeren Zeitraum beibehalten wird, um sich vollständig etablieren zu können.

■ **Relevanzbarriere:**

Überwindung von realen Barrieren

Erfüllung der Basiskriterien

→ Sicherstellen, dass die Marke mit ihren Produkten/Dienstleistungen vor allem die Basiskriterien aus Sicht der Zielgruppe erfüllt – nicht nur aus Sicht der Forschung und Entwicklung.

→ Sicherstellen, dass eine neue Anpassung der Produkte/Dienstleistungen umgehend und deutlich an die Zielgruppe kommuniziert wird (in der Regel subtil über Verpackung, POS-Auftritt etc.).

Überwindung von wahrgenommenen Barrieren:

Wenn man an Relevanz verloren hat

Ist eine Markenpositionierung schon älter, muss man sie in einigen Fällen wieder für die Zielgruppe relevant machen, sprich eine neue Verkaufsstory rund um die Positionierung entwickeln:

→ Ist diese Positionierung vielleicht für bestimmte Zielgruppen (Familien, Jugendliche, Senioren, Alleinerziehende etc.) ganz besonders interessant? Warum?

→ Passt diese Positionierung besser zu dem Bild, das die Zielgruppe gerne von sich hätte? Warum?

→ Erleichtert die Positionierung der Zielgruppe den Alltag? Wie?

→ Erfüllt die Positionierung offene Wünsche/Bedürfnisse? Welche und warum?

→ Sind die Konsequenzen der Positionierung/des Markenversprechens besonders relevant für die Zielgruppe? Warum?

→ Sind im Gegensatz dazu die Konsequenzen des Nichtkaufs der Marke besonders schlimm? Warum?

→ Werden Probleme gelöst, welche der Zielgruppen bis dahin noch gar nicht richtig bewusst waren? Welche und warum?

Erste-Wahl-Barriere:

Überwindung von wahrgenommenen Barrieren:

Ein differenzierendes Kriterium finden

→ Ein Kriterium, auf dem man deutlich besser ist als der Wettbewerb

→ Ein Kriterium, über das noch kein anderer gesprochen hat

→ Ein Kriterium, das man überzeugender präsentieren kann als der Wettbewerb

Sich überzeugender verkaufen – mithilfe von BrandKeys (Schlüsselargumenten zur Barrierenüberwindung)

→ Die Zielgruppe muss davon überzeugt werden, dass sie (a) das Nutzenversprechen der eigenen Marke braucht oder (b) von dem Nutzenversprechen der eigenen Marke größere Vorteile hat als von denen der Wettbewerber und (c) die eigene Marke ihr Nutzenversprechen tatsächlich halten kann.

→ Produktgetriebene BrandKeys: einen konkreten Vorteil des Produkts finden.

→ Situationsgetriebene BrandKeys: eine Situation finden, die förmlich nach der Marke schreit.

→ Emotional getriebene BrandKeys: auf den Emotionen der Zielgruppe aufbauen und somit näher an die Zielgruppe herankommen.

→ Analogie getriebene BrandKeys: ein Problem, das durch die Marke gelöst wird, deutlicher darstellen.

→ Nutzen getriebene BrandKeys: positive Konsequenzen durch die Nutzung der Marke aufzeigen.

Anforderungen an ein erfolgversprechendes Verbalkonzept/Positionierungskonzept:

→ BrandKey getrieben, um die Einstellung der Zielgruppe zu verändern

→ Ruft ein „inneres Lächeln" hervor (die Idee begeistert)

→ Relevanter Einstieg (adressiert ein für die Zielgruppe relevantes Problem)

→ Relevantes Versprechen (bietet einen bedeutungsvollen Nutzen)
→ Überzeugende Begründung (verleiht dem Nutzen mehr Glaubwürdigkeit)
→ Klingt einzigartig und neu
→ Differenziert gegenüber dem Wettbewerb
→ Passt zur Marke
→ Ist gut umsetzbar
→ Langfristig einsetzbar

▪ Kaufbarriere:

Überwindung von realen Barrieren

Preis

Ist der Preis wirklich eine reale Barriere (Zielgruppe denkt nicht nur, sie kann sich die Marke nicht leisten, sondern kann dies wirklich nicht), müssen Preis oder die Zielgruppe selbst angepasst werden.

Platzierung

→ Den Händler zum Partner zu machen, indem man mit Daten belegt, wie durch eine geänderte Platzierung auch seine (wirtschaftlichen) Ziele erreicht werden.
→ Der Zielgruppe klar kommunizieren, wo die Marke erhältlich ist.
→ Die Zielgruppe am Point-of-Sale aktiv zur Marke/zur Kaufentscheidung führen.

Distribution

Ist die Distribution mit ein Hauptgrund, weshalb die Marke nicht öfter gekauft wird, so muss diese mit dem klassischen Handwerkszeug des Vertriebs verbessert werden.

Überwindung von wahrgenommenen Barrieren:

Preis

Den höheren Preis mit den richtigen Argumenten rechtfertigen:

→ Kommt die Entscheidung für eine günstigere Marke die Zielgruppe letztendlich teuer zu stehen?

- → Ist die eigene Marke zukunftsfähiger/kann sie länger verwendet werden?
- → Was sind sonstige Risiken bei einer Fehlentscheidung?
- → Verzichtet die Zielgruppe bei günstigeren Marken auf wichtigen Service?
- → Erscheint der Preis in einer anderen Form günstiger – etwa als Preis pro Nutzung oder auch in Form von Finanzierungen oder Leasing?

■ **Wiederkaufbarriere:**

Überwindung von wahrgenommenen Barrieren:

- → Produktenttäuschungen vermeiden, indem entweder das eigentliche Resultat der Markennutzung (z.B. andere Handhabung) geändert wird oder aber die Erwartungen der Zielgruppe an sich geändert werden (z.B. sich in einer anderen Kategorie platzieren, in der man besser abschneidet).
- → Dem Kunden helfen, sich beim nächsten Kauf einfacher an die Marke und an das Produkt vom letzten Kauf zu erinnern.
- → Den Zeitpunkt der „Bestandserneuerung" der Zielgruppe richtig abpassen, um dem Wettbewerb das Abwerben zu erschweren.
- → Ein einfaches, lohnenswertes Kundenbindungsprogramm aufsetzen.

■ **Empfehlungsbarriere:**

Überwindung von wahrgenommenen Barrieren:

- → Der Zielgruppe einen „Magic Moment" bescheren: Sie positiv überraschen, wenn sie nicht damit rechnet.
- → Bestehende Bedenken bezüglich der Produktsicherheit mithilfe guter Argumente und Beweise richtigstellen oder vermeiden.
- → Den Markenauftritt und damit das Markenimage dahingehend verbessern, dass die Zielgruppe offen zu ihrer Wahl stehen kann.
- → Ein Tabuthema, mit dem die Marke/die Kategorie behaftet ist, gesellschaftsfähig machen.
- → Ein einfaches, lohnenswertes Kunden-empfehlen-Kunden-Programm aufsetzen.

☑ Entwicklung von Kreation und Maßnahmen

■ **Checkliste bei der internen Bewertung von kreativen Verkaufsideen (selling ideas):**
→ Wird das Konzept in eine kreative, aufmerksamkeitsstarke Idee verwandelt?
→ Sind die Aussagen für die zuvor bestimmte Zielgruppe relevant?
→ Werden qualifizierte BrandKeys, Versprechen und Begründungen reflektiert?
→ Hebt man sich ab von der Wettbewerbskommunikation?
→ Hat die Zielgruppe jetzt ein größeres Verlangen nach der Marke?
→ Sieht die Zielgruppe die Marke jetzt aus einer neuen Perspektive?
→ Passt die Idee zum Markenbild/zur Markenpositionierung?
→ Kann die Idee in allen (ausgewählten) Medien umgesetzt werden?
→ Dürfte die Idee mit dem gegebenen Budget umsetzbar sein?
→ Kann die Idee über einen längeren Zeitraum genutzt werden?
→ Hilft die Idee, die anvisierte Barriere einzureißen?

■ **Checkliste bei der internen Bewertung von Kreation/visueller Umsetzung:**
→ Wird die kreative Verkaufsidee richtig umgesetzt?
→ Passt die Kreation zum Markenbild/zur Markenpositionierung?
→ Kann die Kreation in allen (ausgewählten) Medien umgesetzt werden?
→ Dürfte die Kreation mit dem gegebenen Budget umsetzbar sein?
→ Hilft die Kreation, die anvisierte Barriere einzureißen?

Big Picture (zentrales visuelles Element, das das Versprechen kommuniziert)
→ Wird das Markenversprechen visualisiert?
→ Ist das Big Picture aufmerksamkeitsstark?
→ Hilft es, die Marke stärker vom Wettbewerb zu differenzieren?
→ Bleibt einem das Big Picture leicht in Erinnerung?

Drama (die Geschichte)

→ Geht es ausschließlich um die Marke und ihre Versprechen?

→ Zieht die Geschichte die Zielgruppe in ihren Bann?

→ Wird die Zielgruppe zum Kauf motiviert?

→ Ist die Geschichte einfach zu verstehen?

→ Unterstützt die Geschichte den Markencharakter?

Selling Line (Zusammenfassung des Markenversprechens in wenigen Worten)

→ Wird das Markenversprechen widergespiegelt?

→ Kann die Selling Line über eine längere Zeit genutzt werden?

→ Ist sie aufmerksamkeitsstark?

→ Ist sie relevant und glaubwürdig?

→ Kann man sie sich leicht merken? Bleibt sie in Erinnerung?

☑ Prognose und Kontrolle von Markenwachstum

▪ Checkliste für die Erstellung von Wachstumsprognosen:

Einfache Prognose

→ Abgleich zwischen Modell und Marktrealität: In einfachen Modellen nimmt man hier z.B. den Wert an der Erste-Wahl-Barriere und gleicht diesen mit dem eigentlichen Marktanteil ab. Bei komplexeren Modellen muss hingegen noch die Parallelverwendung an der Kaufbarriere berücksichtigt werden.

→ Verschiedene Szenarien bilden und mit Erfahrungswerten (Was war bisher im Markt möglich?) abgleichen. Idealerweise werden die Szenarien, sprich die erwartete Veränderung an der Kaufbarriere aus vorangegangenen Qualifizierungen (Pre-Market-Tests) von Konzepten oder von Kreation abgeleitet.

→ Die erwartete Verbesserung des Marktanteils auf die entsprechend erwartete Absatz-/Umsatzmenge übertragen. Die benötigte Investition zur Erreichung der Zielgruppe durch die Mediaagentur festlegen lassen und das wirtschaftliche Verhältnis zum erwarteten Wachstum überprüfen.

Detaillierte Prognose

→ Die Beziehung zwischen dem MWB-Modell und den Marktgegebenheiten herstellen. Hierbei sind neben möglichen Parallelverwendungen noch die Einflussverhältnisse zwischen meinungsführenden Zielgruppen und der „kaufenden" Zielgruppe zu berücksichtigen, bevor die Korrelation zwischen der errechneten Kaufwahrscheinlichkeit (dem KPI) und dem erwarteten Marktanteil gezeigt werden kann.

→ Maßnahmen im Hinblick auf den KPI optimieren: Während der Maßnahmenentwicklung und letztendlich in einem Pre-Market-Test wird der erreichte KPI-Shift gemessen.

■ **Checkliste für die Kontrolle von Wachstum:**

→ Regelmäßige Erhebung der Daten für das MWB-Modells (alle ein bis zwei Jahre oder rollierend).

→ Barrieren-Entwicklung verfolgen – sowohl absolute als auch relative Werte.

→ Überprüfung des KPI-Shifts.

→ Zusammenhang zwischen durchgeführten Maßnahmen und dem Wachstumserfolg nachvollziehen.

→ Ursachen für weiterhin bestehende bzw. neue Fokusbarrieren in einer neuen Diagnostik analysieren.

→ Genauigkeit der Prognose überprüfen und Erfahrungswerte für die Zukunft sammeln.

Literaturverzeichnis

ADVANCED MARKETING CONSULTING, Befragung von Kunden und Nichtkunden zum Thema Markenführung, Frankfurt a. M. 2007.

BERDI, CHRISTOPH, Volle Segel in der Flaute, in: Absatzwirtschaft Marken 2005, S. 94-99.

BOOZ ALLEN HAMILTON, "Kunde 2.0" kaum noch über klassische Werbung ansprechbar - Werbende und Medienplattformen brauchen neue Konzepte, München 2007.

BEIERSDORF AG, Unsere Geschichte: NIVEA Subbrand Milestones, www. beiersdorf.de.

BUCHHOLZ, ANDREAS/WÖRDEMANN, WOLFRAM, Der Wachstums-Code für Siegermarken, München 2000.

BUCHHOLZ, ANDREAS/WÖRDEMANN, WOLFRAM, Spielstrategien im Business: Die Regeln des Wettbewerbs verändern, Frankfurt a. M. 2008.

BUNDESZENTRALE FÜR GESUNDHEITLICHE AUFKLÄRUNG (BZgA), http://www.bzga.de/

CLANCY, KEVIN J./STONE, RANDY L., Don't blame the metrics, in: Harvard Business Review, June 2005.

COURT, D. C./LEITER, M. G./LOCH, M. A., Brand Leverage, in: The McKinsey Quarterly, 2/1999.

ESSER, M./KLEIN-BÖLTING, U./SCHULZ-MOLL, P., Effektives Marketing mit Brand Investment Controlling, in: BBDO Consulting (Hrsg.), In-sights 3, 11/2002.

GRUNER+JAHR AG & CO KG ANZEIGENABTEILUNG GEO (Hrsg.), Imagery 5 – Innere Markenbilder in gehobenen Zielgruppen, Hamburg 2004.

HANSER, PETER, Bremer Marken-Musikanten, in: Absatzwirtschaft 6/2007, S. 32-35.

KÄCKENHOFF, UWE, Marken-Klassiver, in: Markenartikel 6/2007, S. 77-80.

KARDES, F. R./KALYANARAM, G./CHANDRASHEKARAN, M./DORNOFF, R. J., Brand retrieval, consideration set composition, consumer choice, and the pioneering advantage, in: Journal of Consumer Research, 1/1993, 20. Jg., S. 62-75.

MILEWSKI, MICHAEL, Mutiger Schritt in einem neuen Markt, in: Absatzwirtschaft – Marken 2007, S. 114-118.

MILEWSKI, MICHAEL, Wildes Marketing für Jägermeister, in: Absatzwirtschaft – Marken 2007, S. 100-104.

NARAYANA, C.L./MARKIN, R.J., Consumer Behavior and Product Performance: An Alternative Conceptualization, in: Journal of Marketing, 10/1975, 39. Jg., S.1-6.

RAMOSER, TOM/STIPPEL, PETER, Volkswagen China drückt aufs Gaspedal, in: Absatzwirtschaft 11/2006, S. 8-14.

RECKITT BENCKISER DEUTSCHLAND GMBH, www.sagrotan.de.

REINNARTH JÖRG, Leitfaden Kampagnenmanagement, 2008.

RIESENBECK, H., Die McKinsey MarkenMatik: Ein Ansatz zur systematischen Bewertung und Gestaltung von Marken, in: Schimansky, A. (Hrsg.), Der Wert der Marke, München 2004.

SPANNAGL, J./BIESALSKI, A., Wertorientierte Markenführung: Anwendung und Basis des integrierten Markenbewertungsansatzes von BRAND RATING, in: Gaiser, B./ Linxweiler, R./ BRUCKER, V. (Hrsg.), Praxisorientierte Markenführung: Neue Strategien, innovative Instrumente und aktuelle Fallstudien, Wiesbaden 2005.

STEIN, PEER-HOLGER, MarkenMonopole - was ein CEO über Marketing wissen muss, Nürnberg 2007.

STRAUß, RALF E., Marketingplanung mit Plan: Strategien für ergebnisorientiertes Marketing, Stuttgart 2008.

Stichwortverzeichnis

Abführmittel 103, 132
Ablehnungsgründe gegen die Marke 78f., 94f., 107, 129ff., 173
Absatz 15, 157, 160, 181
Absolute Werte 63, 159, 164
Anforderungen an das Modell 33, 40ff., 48, 51, 57, 165f.
Apotheker 15, 35, 80, 98, 102, 135, 140, 141, 147f.
Argumente für die Marke 77f., 98, 129ff., 136ff., 140, 148, 153, 169, 173, 178
Aspirin 35, 79, 80, 102, 115, 147f.
B2B 132
B2C 132
Babybett 57
Babynahrung 28
Barrieren 55ff., 65ff., 111ff., 119, 150, 155ff., 162ff., 169ff., 179
   Bekanntheitsbarriere 55, 61, 82f., 105, 116, 152, 171f., 175
   Markenklarheitsbarriere 55, 61, 106, 171, 173, 175
   Relevanzbarriere 55, 62, 91, 106, 120, 171, 173, 176
   Erste-Wahl-Barriere 55, 62, 81, 94, 96, 113, 127, 152, 171, 173, 177
   Kaufbarriere 55, 62, 108, 134f., 158, 171, 174, 178
   Wiederkaufbarriere 55, 62, 99f., 141, 143, 171, 174, 179
   Empfehlungsbarriere 56, 62, 101ff., 109, 146, 171, 174, 179
   Fokusbarriere 64, 152, 182
   Reale Barrieren 111f., 116, 120
   Wahrgenommene Barrieren 128, 134

Basiskriterium 93f., 106, 121, 124, 173, 175f.
Baustellen in der Markenführung 34, 38, 43, 46, 53
Benefit 90, 120, 125, 127
Bier 129
Blasenschwäche 97, 98, 103, 114, 135, 139
Branding 83, 117, 152, 172
BrandKey 111ff., 120, 123, 125, 128, 131, 138, 141, 151, 155, 169, 177
Budgetplanung 45, 47, 82, 85, 116, 156, 163, 180
CARO 99, 142
Category Management 135
China 25f., 119
Daten 43, 61ff., 74, 123, 157, 163, 172, 182
DERTOUR 58ff., 85, 122f., 126
Deutsche Kammerphilharmonie Bremen 27
Deutsche Post 23
DHL 23
Diagnostik 77, 79, 104, 151, 164, 182
Dienstleistung 25, 93, 99, 101, 123, 124, 128, 141, 147
Differenzierung 89f., 94, 107, 128, 129, 177
Distribution 39, 174, 178
DWS Investments 22
Effektivität 33f.
Effizienz 33, 45
Elektrowerkzeuge 97
Empfehlung 42, 154
Entscheidungsfindung 36, 72, 161, 163, 165
Erfrischungsgetränk 92
Fokus 18, 35, 67, 106, 120ff.
Forschung und Entwicklung 14f., 39, 112, 176
Geschirrspülmittel 113
Gesellschaft 139, 148f.

Getreidekaffee 99, 142
Glaubwürdigkeit 28
Gleitgel 114
Haarfärbemittel 143
Halsschmerzmittel 132, 141
Haushaltsreiniger 95f., 129f.
Heraeus 131
HiPP 28, 30
Hotline 90f, 106
Hustensaft 15, 98
IKEA 29
Innovation 15, 24, 115
Insight 112
Investition 50, 160, 163
Issue Set-up 119, 127
Jägermeister 17, 20f.
Kaufabsicht 88, 127, 151, 159f., 162, 169
Kaufentscheidungsprozess 53ff., 169
Kaugummi 57
Kennzahlen 44, 45, 85f.
Key Performance Indicator (KPI) 161ff.
   KPI-Shift 162, 182
   Post-Market-Test 163
   Pre-Market-Test 159, 181
Kommunikation 35, 83f., 88ff., 99, 105, 113, 117, 121, 127, 135, 152, 159, 165, 180
Kontaktklasse 85, 117
Kontaktpunkt 117
Kontrollfunktion 38, 42, 70, 181f.
Konzept 127, 162, 177, 180f.
Korrelation 160f., 182
Krise 47
Kundenbindung 100, 101, 135, 144, 150, 174, 179
Leuchtmarkierer 18, 70ff., 158
Logo 83, 105, 117, 152, 172, 175
Magic Moment 109, 146f., 154, 179
Markencharakter 128, 181
Markendesign 105, 152
Markenfokus 88f., 106, 108, 120ff., 175, 176
Markenführung 13, 17, 30, 33, 68, 113, 119, 155, 163, 169

Markenführungsmodell 9, 11, 37f., 51, 75, 77, 158ff., 162, 165, 169, 182
Markenpositionierung 88, 90f., 94, 106, 119f., 123f., 126ff., 153, 169, 173, 176, 180
Markenwachstumsbarrieren (MWB) 53ff., 57, 65, 70, 151, 157, 160, 163, 170, 172, 182
Marketing 14, 45, 111, 169
Marketing- und Vertriebsplan 155
Marktanteil 157ff., 181
Marktforschung 44, 61, 92, 123
Marlboro 84
Maßnahmen 39, 47, 135, 144, 155, 162f., 164, 169, 180, 182
   Above-the-Line 49, 85
   Below-the-Line 49, 85
McDonalds 145
Media 49, 117, 180
   Mediaagentur 84, 163
   Mediaplan 49, 84f., 105
Messung 44, 49, 68
Mineralwasser 24, 152
Navigationsgeräte 133
Neckermann 103, 148
Nettoreichweite 86, 117, 163
Nichtkäufer 19, 79, 81, 107f.
NIVEA 26, 30, 84, 89
Pflegeprodukte 28
PKW 61f., 124
Point-of-Sale 90, 93, 97f., 98, 106, 108, 114, 122, 135f., 138f., 153, 155, 174
Postbank 23
Praxis 24, 37, 42, 52, 72, 82, 131, 136, 167
Preis 97, 108, 136f., 153, 178f.
Premium 97, 136
Priorisierung 43, 156
Produkt 25f., 99f., 122ff., 141, 142, 143, 147
Produktentwicklung 14ff., 169
Produktion 40, 112
Prognose 155, 157, 160, 162, 181
Qualifizierung 159, 162, 181
Reason-to-Believe 120, 127
Regressionsanalyse 161ff.
Reisen 58, 103, 122, 126

Reiseveranstalter 58, 85, 103, 122
Relative Werte 65ff., 164, 182
Ressourcenplanung 48
Return on Marketing Investment (ROMI) 48, 157, 163
Sagrotan 95, 129f.
Schmerztablette 35, 79
Service 137, 155, 179
STABILO 70ff., 122, 158f.
Studien 43, 61, 99
Systematik 43f.
Szenario 69, 157, 159f., 181
Tabu 97ff., 103f., 139f., 149f., 174f., 179
Tchibo 145
TENA 97f., 103, 114, 139
Test 43, 159, 164
Treiber 102
   Barrieren-Treiber 77, 79
   Business-Treiber 77, 81
Trend 122
Umfeld 119, 175
Umsatz 157, 160
Verkäufer 123, 140
Verkaufsstory 16, 98, 108, 138, 140f., 176
Verlust 157, 164
Verpackung 90, 93, 106, 114, 122, 123, 125, 138, 155
Vertrieb 15f., 39f., 45f., 111f., 123, 155, 168
   Vertriebsmannschaft 141
Volkswagen 25f.

Wachstum 13ff., 18ff., 55f., 86, 116, 155, 162ff., 169
Wachstumspotenzial 26, 67f., 151, 170
Wachstumsstrategie 18, 20, 69, 70, 72, 76
   Penetration 18ff., 69f.
   Frequenz 18, 23f., 69ff.
   Konvertierung 18, 20ff., 69ff.
   Loyalität 18f., 22, 24, 69ff., 109, 144, 158
   Neue Länder 18, 29
   Neue Märkte 18, 28
   Neue Produkte 18, 24
   Neue Segmente 18, 26
Wachstumsturbo 13, 169
Wasserspender 74ff., 104f., 151
Werner & Mertz 14
Wettbewerb 62, 68, 74, 83, 94, 100ff., 128ff., 144f., 152, 158, 177
   Wettbewerbsvergleich 63, 67
Wiederkauf 154
Wirkung 34ff., 43, 49ff., 159
Wirtschaftlichkeit 31, 49ff., 156
Zahnarzt 131, 132
Zahnpasta 24
Zero-Base Budgeting 47
Ziel 36, 37, 38, 69, 75
Zielgruppen 54ff., 62, 64ff., 68ff., 72, 76ff., 86, 88, 91, 111f., 119, 124, 127ff., 141, 152, 157, 161, 164, 169, 171, 180, 182
Zielgruppenstudien 152
Zielgruppenverständnis 112f.

Danksagung

Vielen Dank!

Als wir vor 13 Jahren zu zweit und ohne Kunden Advanced Marketing Consulting (AMC) gründeten, dachte keiner von uns daran, dass wir eines Tages ein Buch über unseren Markenführungsansatz schreiben würden. Schon gar nicht hätte man erwarten können, dass in diesem Buch eine große Anzahl von interessanten und herausfordernden Projekten mit namhaften Kunden von AMC beschrieben sein würden.

Deshalb gilt unser Dank zu allererst unseren Kunden, die uns über die Jahre hinweg immer wieder vertrauensvoll mit der Lösung anspruchsvoller Aufgaben in Marketing und Markenführung beauftragt haben. Sie waren es, die uns wertvolle Anstöße gegeben haben, die im Buch beschriebenen Prozesse zur wachstumsorientierten Markenführung weiter zu verbessern und sie im Hinblick auf ihre Praxistauglichkeit zu optimieren.

In gleichem Maß möchten wir uns bei unseren Mitarbeitern bedanken. Durch ihren unermüdlichen Einsatz haben sie maßgeblich dazu beigetragen, dass die bearbeiteten Projekte zu Erfolgsbeispielen werden konnten. Ihr Anspruch und ihre Motivation, unser Modell der Markenwachstumsbarrieren (MWB) immer weiterzuentwickeln, waren eine Grundvoraussetzung für die Entstehung dieses Buches.

Unser besonderer Dank gilt unseren Kolleginnen Mariko Seewöster und Aileen Gunold, die uns in der 18-monatigen Entstehungsphase des Buches bei Recherche und Ausarbeitung mit viel Geduld und Ausdauer unterstützt haben. Ihr Know-how, ihr Engagement und ihre Hartnäckigkeit waren entscheidend für den Fortschritt dieses Projektes. Danke auch an den Gabler-Verlag für seine professionelle Unterstützung und seine wertvollen Hinweise.

Schließlich möchten wir uns noch bei unseren Ehefrauen Corinne Krüger und Birgit Stumpf bedanken, die uns über all die Jahre unterstützt haben und selbst dann nachsichtig mit uns waren, wenn einen die Arbeit zu verschlingen drohte.

Ralph Krüger   Andreas Stumpf

Die Autoren

Ralph Krüger und Andreas Stumpf arbeiteten mehrere Jahre lang im Brand Management von Procter & Gamble. 1999 gründeten sie ihre eigene Beratung *Advanced Marketing Consulting* mit Sitz in Frankfurt. Die Autoren und ihr Team beraten zahlreiche nationale und internationale Konzerne aus dem Konsumgüterbereich wie Beiersdorf, Bosch, Deutsche Bank, Boehringer Ingelheim, Nestlé, Pepsico und Wrigley aber auch Unternehmen, die im B2B-Marketing und -Vertrieb tätig sind wie z.B. Heraeus Kulzer, Rexroth, Buderus und apetito Catering. Die Kernkompetenz der Autoren liegt darin, mithilfe des von ihnen entwickelten Markenführungsansatzes systematisch Strategien zu entwickeln, die nachhaltiges Wachstum für Marken generieren.

Ralph Krüger

Andreas Stumpf

Kontakt:
Advanced Marketing Consulting GmbH &Co.
Marketingberatung und Werbeagentur KG
r.krueger@a-m-c.biz
a.stumpf@a-m-c.biz

www.a-m-c.biz

Printed by Printforce, the Netherlands